教育部人文社科项目"最简方案框架下英汉非核心论元生成
（项目编号：17YJC740079）

英汉非核心论元的生成研究：
最简方案视角

The Derivation of
English and Chinese Non-core Arguments:
A Minimalist Perspective

佟和龙 / 著

Wuhan University Press
武汉大学出版社

图书在版编目(CIP)数据

英汉非核心论元的生成研究：最简方案视角 / 佟和龙著. —— 武汉：武汉大学出版社, 2022.9

ISBN 978-7-307-22859-7

Ⅰ.英… Ⅱ.佟… Ⅲ.英语 – 句法 – 对比研究 – 汉语 Ⅳ.①H314.3 ②H146.3

中国版本图书馆 CIP 数据核字(2022)第 012695 号

责任编辑：黄朝昉 责任校对：孟令玲 装帧设计：刘亚非

出版发行：**武汉大学出版社** （430072 武昌 珞珈山）

（电子邮箱：cbs22@whu.edu.cn 网址：wdp.com.cn）

印刷：三河市京兰印务有限公司

开本：710×1000 1/16 印张：13.75 字数：231千字

版次：2022年9月第1版 2022年9月第1次印刷

ISBN 978-7-307-22859-7 定价：58.00元

前　言

　　1957年《句法结构》的出版是现代语言学发展进程中具有里程碑意义的事件,标志着乔姆斯基革命(Chomskyan Revolution)的开始和生成语法的诞生。生成语法在发展和革新的历程中对解释语言的共性和个性方面取得了实质性进展,并在多年的研究实践中得到了多语种的应用和检验。汉语是世界上历史最悠久且使用人数最多的语言之一,从印欧语系的眼光来看,汉语存在众多的"特殊句式",因此运用生成语法理论研究汉语语法现象,在统一的框架下探究其共性与个性的特征具有创新价值,也是推动汉语研究融入世界主流语言学视野的重要探索。

　　英汉非核心论元的使用存在较大差异:汉语的非核心论元呈现丰富性和多样性;英语的非核心论元的使用却十分受限。本书在最简方案框架下对汉语的非核心论元进行系统研究,尝试找出汉语非核心论元的允准机制,并在英汉对比研究的基础上,探讨相关结构的特征和差异。根据最简方案功能语类变异的观点以及合并和移位的基本句法操作手段,推导出英汉非核心论元的生成方式。研究突破传统的零散式的个案研究,全面、系统考察英汉各类非核心论元,并在统一的句法框架下进行推导分析。同时,本书在形式语义学的事件语义学框架下对相关结构进行了精确的形式语义分析。

　　本书在回顾相关文献和梳理最新理论的基础上,主要探讨了非常规宾语句、双宾结构、领主属宾句、"把"字句、被动句、"给"字句等,并与英语的相关结构进行对比。探讨类型学上两种不同语言中非核心论元的生成方式,不仅可以验证普遍语法的可行性,而且可以从差异的角度进一步发展形式句法的相关理论,这对丰富参数理论和语言共性论的研究实践具有重要意义。而且,本书突破传统语言学研究中句法和语义间相互独立的关系,注重"句法－语义"界面研究,不管是对于特殊句式领域,还是句法和语义研究领域,均具有重要的理论意义。

目　　录

第一章

绪 论

从跨语言的角度来看,非核心论元(Non-core Argument)的使用十分普遍,但在生成语法的早期研究中,非核心论元的研究并未得到足够的关注。最近,生成语法将研究重心从词汇语类转向功能语类,这为跨语言的参数差异分析提供了全新的分析视角。在这一背景下,本研究从功能语类参数变异的角度对英汉非核心论元进行对比研究,主要涉及英语和汉语的非核心论元的形式句法和形式语义。顾名思义,非核心论元通常不是动词的必要选择性成分,有时也称为非选择性论元(Unselected Argument)或施用论元(Applicative Argument),此类结构通常被称为施用结构(Applicative Construction)。同致使结构(Causative Construction)一样,施用结构使原来动词额外增加了一个论元。从语言类型学的角度来看,施用结构[1]广泛存在于世界多种语言中。本章首先简要介绍核心论元和非核心论元的区别,然后介绍与本研究相关的基本情况,最后介绍自然语言的核心句法结构。本章和第二章的内容为后面的研究奠定基础。

1.1 核心论元与非核心论元

1.1.1 论元与题元

生成语法很早就开始关注句子的论元成分(Argument)。论元这一概念最早可以追溯到20世纪60年代(Gruber,1965;Fillmore,1968),它表示谓词和与之相关的名词短语之间语义关系的语义角色。

---

[1]陈杰(2013)将 Applicative Construction 翻译为"增元结构",这种译法较好地反映了这类结构的性质。我们这里采用"施用结构"的说法,因为还存在其他增元结构的例子,如致使结构。

任何语法理论都要解释词汇、句法和语义三部门之间如何互动,从而构造句子的结构,并进行恰当的语义诠释,这就是关于论元结构的理论。论元结构是指某个谓词需要的论元数目,不同的动词携带的论元数量不等。有些谓词要求其结构中只能有一个论元,如英语的 smile、arrive、run 等动词只能带一个论元。这些在传统语法中被称为不及物动词的谓词在论元结构理论中被命名为一元谓词(One-place Predicate)。通常我们所说的及物动词属于必须带两个论元的谓词,例如 hit、kill、love、see 等,它们在论元结构理论中被称为二元谓词(Two-place Predicate)。还有一些谓词需要三个论元,如 give、put 等,它们是传统意义上的双及物动词。当然也有一些谓词可以不带任何论元,如 snow、rain 等,这类动词是零元谓词(Zero-place Predicate)。宾语通常被称为域内论元(Internal Argument),主语通常被称为域外论元(External Argument)。

论元在句中充当的语义角色就是题元角色(Thematic Role)。例如,"他吃了两个面包"这句话中,"他"承担的是"施事"的题元角色,"两个面包"承担的是"受事"的题元角色。题元准则(Theta Criterion)确保论元和题元角色之间的一一对应关系。

题元准则(Chomsky,1986):

每个论元都必须充当一个题元角色;

每个题元角色都必须分配给一个论元。

例如,下面的句子都违反了题元准则。第一句中的 devour 是及物动词,受事题元角色没有分配给一个论元。第二句中的 walk 是不及物动词,the river 不能被赋予题元角色。

（1）a. *The baby devours.

　　b. *Mike walked the river.

从上述分析可以看出,动词携带的论元数量是固定的,既不能多,也不能少。这些论元通常被称为句子的核心论元(Core Argument)。

1.1.2　非核心论元

非核心论元与核心论元相对,一般是指在句子中未被动词选择的名词性成分。从形式上看,它们增加了原来动词的配价(Valency)。之所以被称为非核心论元,是因为它们在句中不是必需的成分。若将这些成分从句子中去除,句子仍然是合乎语法的。非核心论元广泛存在于自然语言中,有的语言使用施用形态标记引入非核心论元,因此这类论元也直接被称为施用论元①。

在阿伊努语(Ainu)中,地点论元可以通过施用标记得到允准,例如:

(2) a. poro　cise　　ta　horary

　　　　big　　house　in　live

　　　　"He lives in a big house."

　　　b. poro　cise　　　e-horari

　　　　big　　house　　APP-live

　　　　"He lives in a big house."

(2)a中,地点论元cise通过后置介词ta来引导,(2)b句中同样的论元直接变成了动词的宾语,同时动词伴随施用形态e-。(2)b句就是典型的施用结构,该结构将(2)a句中的斜格宾语标记为句子的核心宾语。

布库苏语(Bukusu)也有施用结构,例如:

(3) a. n-a-lim-il-a　　　　　　　luu-saala

　　　　1sS-Tense-cultivate-APP-FV　CL11-stick

　　　　" I cultivated with the stick."

　　　b. n-a-keend-el-a　　　　　omu-xasi

　　　　1sS-Tense-walk-APP-FV　CL1-woman

　　　　"I walked for the woman."

Peterson(2007)认为,applicative这个术语早在17世纪就已经出现了,当时传教士语法学家使用施用动词(Verbos Applicativos)来描述相关动词(Carochi, 1983:63)。后来,该术语应用于班图语系中的类似结构(Stapleton, 1903)。

施用结构通常被描述为增元结构(Valency-increasing Construction)或及物化结构(Transitivizing Construction),这是因为当涉及不及物动词时,生成的结构会包含一个直接宾语。对于原本就是及物动词的词来说,情况就相对复杂一些。至少两种情况比较明显。一种情况是增加一个论元,原来的单及物动词变成了双及物动词;另一种情况是动词的论元结构经历了重组。我们以前一种情况为例。

①关于施用结构的类型学研究,可以参考David Peterson(2007)。

（4）a. Mereka mem-bawa　　[daging　itu]　[kepada　dia].

　　　they TRANS-bring　　meat　　the　　to　　　him

　　　"They brought the meat to him."

　　b. Mereka mem-bawa-kan　　[dia]　　[daging　itu].

　　　they TRANS-bring-APP　　him　　　meat　　　the

　　　"They brought him the meat."

上面的例子中的动词都含有施用语素，目前研究者倾向于将一些语言中没有施用语素的类似结构也称为施用结构。例如：

（5）He baked his wife a cake.

虽然施用论元对句子的合法性不会造成影响，但Hole（2008）认为不能简单地使用省略测试来判断一个成分是否为施用论元，其中一个主要原因就是该测试手段忽略了省略可能导致的语义变化。据此，他提出了自由与格成分①的蕴含省略。

蕴含省略，指在简单的非否定陈述句中，未被介词支配的与格成分是自由的，当且仅当缺乏与格成分的句子不能蕴含一个可以通过与格短语表达的个体与该断定事件关联。

Bosse（2015）基本接受Hole的定义，并对其进行了微调。首先，她认为施用论元不仅仅局限于与格标记成分，语言中没有格标记的成分也应纳入考虑。其次，"关联"是一个比较笼统的概念，至少包括如下几种：

心性与格（Ethical Datives）

受影响感事（Affected Experiencer）

真受益者（True Benefactive）

接受受益者（Recipient Benefactive）

部分–整体受益者（Part-whole Benefactive）

有了蕴含测试，下面句子画线的成分就被排除在非核心论元之外。

（6）a. He ate food.

　　b. She danced a dance.

上述论元蕴含在下面的句子中，因此不是非核心论元。

（7）a. He ate.

---

①Hole主要考虑的是德语中的与格名词短语。

b. She danced.

Bosse 认为,上述定义仅仅是个操作性的定义,能够覆盖大多数的非核心论元句。她也认为,下面的句子中的论元尽管是由介词引导的,但也应该归属于非核心论元的范畴。

(8) Alex broke Ben's vase on Chris.

1.2 本研究简介

本研究主要关注的是现代汉语的非核心论元,必要时将其与英语以及其他语言进行对比。需要指出的是,英语的非核心论元没有汉语的非核心论元使用广泛,因而分析时主要侧重汉语的非核心论元。这里首先介绍本书的研究内容、主要目标、研究价值和研究方法。

1.2.1 研究内容

本研究主要涉及现代汉语的非核心论元的句法和语义,必要时与英语的相关结构进行对比。在最简方案和事件语义学的框架下,对英汉典型的非核心论元进行对比研究。本研究共分九章,除本章外的其他八章内容安排如下:

第二章:研究综述。这一章主要回顾生成语法框架下非核心论元的研究状况。近些年来出现了大量的非核心论元研究的文献,本章选取一些具有代表性的文献进行回顾。此外,本章还对现有研究进行简单总结并指出存在的问题。

第三章:理论框架。本研究的理论框架是最简方案和事件语义学。本章主要介绍最简方案和事件语义学的核心思想以及操作手段。最简方案中主要涉及短语结构理论、语段理论、特征核查理论和功能语类参数化思想等;语义学中主要包括语义类型、组合性原则和新戴维森事件语义学。

第四章:非常规宾语。非常规宾语是现代汉语的一大特色。本章首先对相关研究文献进行回顾,然后重点探讨汉语两类非常规宾语的句法和语义生成方式,并将其拓展到其他句式的生成过程。同时,在功能语类参数变异的视角下,探讨为什么英语缺乏类似的结构。本章探讨的主要句式有:

（9）a. 他住北京。*He live Beijing.

　　b. 我写铅笔。*I write pencil.

　　c. 他高我一头。*He is taller me by a head.

　　d. 你哭什么？ *What do you cry?

第五章：双宾结构。双宾结构是自然语言中普遍存在的句式。在相关文献梳理之后，本章对英汉双宾结构的共性和个性进行比较细致的分析。通过功能语类的差异详细探讨英汉双宾结构的句法推导，并在形式语义学的事件语义学框架下分析相关结构的语义组合方式。探讨的相关句式有：

（10）a. He baked me a cake. *他烤了我一个蛋糕。

　　b. He gave me a book.

　　c. I got me some sandwiches.

　　d. 他寄了我两封信。

　　e. 他写给了我两封信。

　　f. 张三吃了他三个苹果。*Zhangsan ate him three apples.

第六章：领主属宾结构及相关句式。本章首先探讨现代汉语研究中经久不衰的句式，即"王冕死了父亲"。针对目前研究存在的问题，本章尝试在最简方案框架下提出可行的句法–语义分析模式。此外，本章还对比了英汉的致使结构，通过功能语类对英汉致使结构的差异做出合理解释。探讨的相关句式有：

（11）a. 王冕的父亲死了。Wang Mian's father died.

　　b. 王冕死了父亲。*Wang Mian died his father.

　　c. 他们沉了船。They sank the boat.

　　d. 公司沉了船。*The company sank the boat.

第七章："把"字句和被动句。"把"字句和被动句是现代汉语独有的句式，英语中很难找到完全对应的结构。本章将这两种句式放在一起处理，重点探讨"把"字和"被"字的句法投射以及这两种句式中非核心论元的生成方式。探讨的主要句式有：

（12）a. 张三把李四打伤了。

　　b. 他把壁炉生了火。

　　c. 张三被李四打伤了。

　　d. 张三被李四偷了钱包。

e. 张三被李四把钱包偷了。

第八章:"给"字句。"给"字句在现代汉语的研究中具有举足轻重的地位,其使用情况十分复杂。本章探讨相关"给"字句的句法结构并重点分析两类"给"字句:致使"给"字句和态度"给"字句。在具体分析时与英语和其他语言的相关结构进行对比。探讨的主要句式有:

(13) a. 他寄了一本书给我。

b. 他给我打扫了房间。

c. 他给小孩看了一本书。

d. 你给我坐下。

e. Gerald broke the vase on me.

f. John cried on Mary.

第九章:结论。基于前面几章的研究,本章对相关的核心观点进行总结。同时简要介绍本书的创新之处。

1.2.2 主要目标

语法分析的主要目标就是透过纷繁复杂的语言表象,找出其背后运作的深层机制。本书在普遍语法的原则与参数理论框架下对汉语的非核心论元进行系统研究,尝试找出汉语非核心论元的允准机制,并在英汉对比研究的基础上,探讨其结构的特征和差异。具体包括三点:

第一,揭示用普遍语法的观点来研究汉语"特殊"句式的可行性,从而能够更好地探索语言的共性和个性。研究试图揭示,汉语的各种特殊句式并不具有其独立的句法地位,而是普遍语法的原则与参数与汉语的词汇特征共同作用的结果。

第二,对比英语和汉语的非核心论元结构,并从最简方案的视角分析它们的允准机制。相对于英语,汉语的非核心论元使用情况更加复杂和多样。本书重点从功能语类参数变异的角度对此提供合理解释。

第三,尝试提供一个明晰的、可供操作的英汉非核心论元结构的形式语义学分析路径。目前的汉语相关结构的句法研究和语义研究相对独立,各研究缺乏有效沟通。本研究将句法结构和语义推导紧密结合,提出更具说服力的研究观点。

1.2.3　研究价值

本书具有一定的理论价值和应用价值，具体如下：

第一，本书将现代汉语中的非核心论元结构纳入衍生于西方的生成语法理论研究框架中，因而本研究视角是语言的共性研究领域的重要探索。研究运用生成语法的最新理论对现代汉语各种不同类型的非核心论元进行系统研究，探讨这些非核心论元的句法合并位置及其允准机制。运用最简方案的相关理论，探讨类型学上两种不同语言中非核心论元的生成方式，这样不仅可以验证普遍语法的可行性，而且可以从差异的角度探索和发展形式句法的相关理论，这对丰富参数理论和语言共性论的研究实践具有重要意义。

第二，本研究重视句法和语义的互动性，在理论运用和方法实践上，突破传统语言学研究中句法和语义间相互独立的关系，将是对非核心论元进行"句法-语义"界面研究的尝试，因而不管是对于特殊句式领域，还是句法和语义研究领域，均具有重要的理论意义。

第三，本研究强调英汉句法结构的对比分析和研究，研究揭示英汉两种语言中非核心论元结构的特征和差异，进而寻求其差异产生的语法和语义因素，在此基础上尝试拓展英汉语言的本质特征的分析，得到的研究结果能为英汉互译和对外汉语教学在此领域的实践提供理论指导。

1.2.4　研究方法

本书是在乔姆斯基的最简方案框架下开展的句法和语义研究，因此遵循生成语法演绎的研究方法，即分析语料—提出假设—验证假设—修正假设的总体研究思路。在具体研究时，主要采取如下的方法：

第一，采用文献调查法进行理论研究和句式的分析和归纳。通过调查生成语法理论中非核心论元研究的相关文献，对研究内容从宏观上进行整体把握。

第二，运用问卷调查和访谈测试实现语法判断和可接受度判断。根据研究需要对典型例句进行问卷调查和测试，开展语感判断，即让受试者对这些句子的合法性进行语法判断。语法判断不能揭示句子的语义信息，因此还需对一些句式提供一定的情境信息，让受试者判断其使用的合适性。

第三,运用对比分析法实现跨语言研究的共性和差异比较。本研究运用句法推导与语义结合的思路,比较汉语与英语的非核心论元的各类句式结构及其特征的共性和差异,避免传统汉语研究限于单一语言的片面性和局限性,研究结果具有较强的参考价值。

第四,运用形式化的推导实现语言研究的直观性和客观性。在严谨的形式句法框架下,紧密结合汉语的自身特点,为英语和汉语非核心论元的生成过程提供一个合理的、可供操作的推导模式,从而避免了语言研究的模糊化,可以比较直观地展示句子的动态生成过程。

1.3　句子基本结构

在开始句法分析之前,我们需要对英汉短语的结构有个基本的认识。下面的结构只是英语和汉语的最核心结构,在现代句法分析中具有较高的认可度。当然仅仅依靠这些结构,还不能对相关结构提供合理的分析。因而,随着研究的深入,我们会在此结构基础上,增加额外的句法投射来处理英汉语的非核心论元。

首先是名词短语的句法结构。关于英语和汉语名词短语的结构,我们接受DP假设(DP Hypothesis)(Abney, 1987)。该假设认为传统的名词短语不再以N为其中心语,而是以D为中心语、NP为其补足语。这样从句法结构上为名词短语和句子之间的平行性找到了合理的解释。名词短语的语义中心词是名词,句子的语义中心语是动词,都为实词语类;名词短语的最大投射是D,句子的最大投射是C,都是功能语类。

（14）

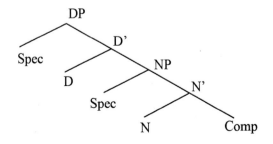

虽然汉语没有显性的D,但同样假设存在D投射(Tang,1990)。与英语名词短语不同的是,汉语存在量词成分(Classifier),有其独立的句法投射。

(15) a. 三张桌子

　　 b. 五个学生

据此,我们认为汉语的名词短语至少包含如下的结构。由于名词短语的内部结构对我们的分析结果不会造成影响,因此通常将相关结构简化为NP或DP。

(16)

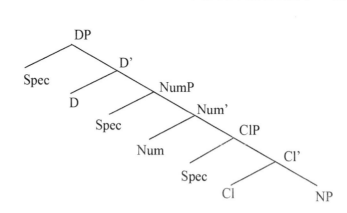

接下来是整个句子的句法结构。生成语法对句子的结构认识不断深入,从早期的离心结构转变成目前的向心结构。虽然研究者们提出了众多的句法结构投射,但C-T-v-V的主干结构在各种句法分析中已经得到广泛运用,并具有跨语言的解释力,这也是我们分析各种英汉句法结构的基本骨架。同时我们对此进行微调,认为英语和汉语句子的主干结构投射依次为C-T-Voice-Asp-V。C标明句子的语力,如疑问、陈述等(Rizzi,1997)。T指句子的时态,汉语虽然缺乏显性的时态标记,但根据普遍语法的基本假设,我们认为该投射同样存在于汉语中(Tsai,2008;Sybesma,2007)。Voice引导句子的域外论元(Kratzer,1996),相当于乔姆斯基提出的轻动词v,VP和VoiceP之间存在体投射AspP(Borer,2005;MacDonald,2008;Travis,2010)。

在最简方案的分析中,通常没有AspP这个投射,但是我们认为这个投射是必要的,这主要是基于理论一致性和语言事实的解释力考虑的。乔姆斯基认为v和C为语段的中心语,C-T和v-V应该具有平行的句法行为。功能语类v选择的是词汇语类V,但是功能语类C选择的T仍然是功能语类。为了确保一致性,乔姆斯基认为T也应该是个实词语类,但这与我们的语言直觉明显不符。如果存在功能投射AspP,

既能确保选择的一致性,也能维持T是功能语类的观点。从语言事实来看,宾语的
形式和句子的有界性(Telicity)密切相关。例如:

(17) a. Terry painted pictures for an hour/*in an hour.

　　　b. Terry painted the picture *for an hour/in an hour.

(18) a. Terry drank coffee for an hour/*in an hour.

　　　b. Terry drank a cup of coffee *for an hour/in an hour.

为了解释上述差异,有学者提出在 *v*P 与 VP 之间存在功能投射 AspP,名词短语
移到[Spec, AspP]处核查相关特征,并获得相应语义诠释。由于 AspP 对本书的分析
不会造成影响,因此在树形图中省略了该最大投射。

综合考虑,我们提出的英汉句子基本结构如下所示:

(19)

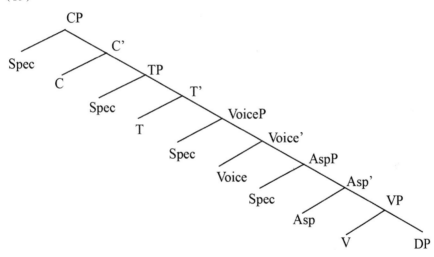

第二章
研究综述

　　语言是一个极其复杂的系统,需要从各个不同的角度对其进行深入的研究才能了解其本质,否则只能是"只见树木,不见森林"。非核心论元在功能语法、认知语法和生成语法中对其都有比较详尽的探讨。由于本研究主要探讨形式句法框架下英汉非核心论元的句法和语义问题,因而本章主要回顾生成语法特别是管约论和最简方案阶段非核心论元的研究状况。而且近些年来出现了大量的非核心论元研究的参考文献,本章仅选取一些具有代表性的文献进行回顾。

2.1　国外研究

　　第一章提到,非核心论元不是动词的必要论元,也就是说它不是由动词的次范畴规则决定的。从表面上看,非核心论元无法得到动词的允准,对题元理论造成了很大的挑战。然而,经过不断的探索,学者们逐渐意识到,论元,特别是非核心论元,不是由动词的特征决定的,而是通过功能语类引入句法结构中的。

2.1.1　早期研究

　　非核心论元在生成语法发展的早期并未受到足够关注,对非核心论元的研究是比较零散式的,且主要是在关系语法和词汇功能语法框架中进行的。

　　1.关系语法

　　目前的施用论元的句法研究最早可以追溯到关系语法(Relational Grammar,RG)的研究。关系语法将句子语法关系看作句子的原始构件(Primitives)。施用操作将一个句子的非核心成分变成句子的核心成分(Chung,1976;Aissen,1983)。例如,旁格受益者通过语法关系的变换可以被提升为句子的直接宾语。当一个名词短语通过转换的方式获得另一个名词短语的属性时,后者就不能表达其原来的语法关系,这是关系消除法则(Relational Annihilation Law)的应用。总体来说,关系语法通过各种规则的应用来解释施用结构的特征,但分析框架因具体语言和结构而变,并不具有普遍适用性。

2.词汇功能语法

词汇功能语法认为许多句法结构可以通过词汇操作手段分析,如被动结构、致使结构和施用结构等。根据 Bresnan 和 Moshi(1990)的研究,施用结构是论元结构形态–词汇操作的结果。在施用形态标记的作用下,一个新的宾语论元被引入原论元结构,产生施用结构。词汇映射理论(Lexical Mapping Theory)认为,论元结构按照如下的层级排序:

(1) 施事>受益者>目标>工具>受事>处所

语法关系含有两个基本属性:限制性(±Restricted)表示该功能是否与题元角色有关;宾语性(±Objective)表示该功能是否能够充当动词的补足语。各论元角色具有内在的语法功能特征,即限制性和宾语性两项二分特征的固有取值。一个论元在句中承担的语法功能,取决于其题元角色、相应的层级排序和内在的语法功能特征。特征可以有四种组合方式:

(2) a. [-限制性,-宾语性]:主语

　　b. [-限制性,+宾语性]:无限制宾语

　　c. [+限制性,-宾语性]:限制性宾语

　　d. [+限制性,+宾语性]:旁格宾语

其中,后面两种特征的组合表示目标、工具和地点等。

2.1.2　管约论时期

管约论框架下,Baker(1988)较早对施用结构提出了独到的分析,即施用结构的并入(Incorporation)分析法。他区分了两种不同的语言类型。

第一种,齐切瓦语型语言:分配固有格,施用结构中只有一个名词具有宾语属性。

第二种,卢旺达语型语言:分配固有格和结构格,施用结构中两个名词具有宾语属性。

13

Baker 认为施用结构中介词通过中心语移位并入动词中，结构如下：

（3）

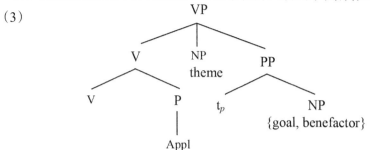

并入后，介词的宾语和直接宾语的允准方式相同，宾语被赋予原本赋予直接宾语的格，原来的宾语由于不能得到动词的允准而变成了斜格。由于不及物动词通常不能赋格，因此施用标记通常适用于及物动词。不及物动词如果出现施用论元，就会由于无格而得不到允准。

Baker（1996）将该分析拓展到没有显性施用语素的语言中，如英语。Baker 认为，下面的英语句子实际上经历了介词并入的过程。当介词并入动词之后，它就失去了对其宾语赋格的能力。目标论元移到[Spec，AspP]核查其宾格。移位之后，目标论元处于受事论元之前，前者非对称成分统制（Asymmetrical C-command）后者。受事论元在[Spec，VP]处生成，没有经历任何移动。结构如下表示：

（4）a. I gave Mary the meat.

b.

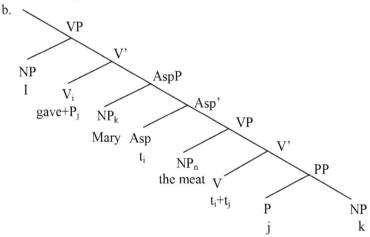

而最早做出开创性研究的是 Marantz（1984），他发现域内论元的解读离不开动词，而域外论元则不一样。域内论元的不同，会引起动词词义的变化，但是域外论元

的变化却不会导致动词词义的改变。例如,下面三个短语中宾语的选择会影响动词的语义。

（5）a. kill the evening[浪费]

　　b. kill a conversation[结束]

　　c. kill an audience[杀死]

下面的短语中的主语的不同选择则不会影响动词的语义。

（6）a. The drunk refused to kill NP.

　　b. Silence can certainly kill NP.

　　c. Cars kill NP.

据此,Marantz 认为宾语的语义角色是动词赋予的,而主语的语义角色是整个谓语部分赋予的。Kratzer(1996)进一步研究认为域外论元通过功能语类 Voice 引导,域内论元则直接与动词合并。

（7）

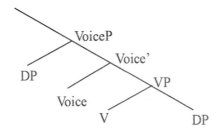

2.1.3　最简方案时期

直到管约论时期,非核心论元的研究还处于探索性阶段,仅有部分学者关注非核心论元结构,这主要是由于当时缺乏有效的分析工具对非核心论元进行合理解释。到了最简方案时期,由于对功能语类的深入研究,其应用价值不断得到体现。功能语类的参数差异可以很好地解释非核心论元的生成以及语言间非核心论元的使用差异。众多的学者对非核心论元进行了研究。

1.Pylkkänen(2002, 2008)

Marantz(1993)认为英语的双宾结构实际上是施用结构。Pylkkänen 在 Marantz

的研究基础上,通过跨语言比较,从及物性限制和动词语义角度将施用结构分为高位施用结构和低位施用结构,在语言学界得到了较高的评价。Kratzer认为她的研究对于人们研究动词语义具有里程碑的意义;Hornstein也认为她的专著讨论详细、例证翔实,区分了核心论元和非核心论元,通过有限的功能语类引介非核心论元,是相关领域研究的必读书目。

Pylkkänen认为,从语言类型学的角度来看,虽然施用结构表达相似的语义内容,但是具有不同的句法结构。察伽语(Chaga)和英语都含有包含受益者的双宾结构,但是非作格结构中,只有察伽语允许额外的受益者论元。

(8)a. Jane baked Bill a cake.

　　b. *I ran him.

(9)a. N-ä-ï-lyì-í-à　　　　　　　　m-kà　k-élyá.

　　FOC-1SUB-PR-eat-APPL-FV 1-wife 7-food

　　"He is eating food for his wife."

　　b. N-ä-ï-zrìc-í-à　　　　　　　　mbùyà.

　　FOC-1SUB-PR-run-APPL-FV 9-friend

　　"He is running for his friend."

Pylkkänen认为,Marantz的分析主要关注句法结构相似的句子,不能解释有的句子为什么不合语法。例如,下面的英语句子也是不合语法的。

(10)a. *He ate the wife food.

　　b. *John held Mary the bag.

鉴于此,Pylkkänen提出了Appl结构的参数差异。自然语言存在两种施用结构:高位施用结构和低位施用结构。施用语素投射ApplP,有的语言(如班图语)中有显性的语音表现形式,有的语言(如英语)中则没有。施用论元合并在[Spec,ApplP]处,成分统制直接宾语。成分统制的不对称性是施用结构的显著属性,具有跨语言的普遍性(Barss & Lasnik,1986;Marantz,1993)。从句法上看,高位施用结构投射高于动词投射,低位施用结构投射低于动词投射。结构可以分别表示如下:

高位施用结构

（11）

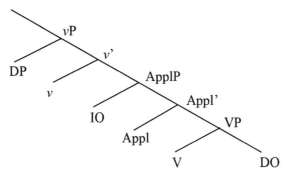

低位施用结构

（12）

从语义上来看,高位施用结构表明个体和事件结构之间的关系,其作用是在原有事件的基础上再增加一个参与者,类似域外论元的引介词Voice。低位施用结构表明直接宾语和间接宾语之间的关系。换言之,施用论元与动词没有直接的关系,而与直接宾语之间存在领属关系的转移。高位施用结构和低位施用结构中心语的语义可以表示如下:

高位施用结构

$\lambda x. \lambda e. Appl(e, x)$（中心语包括$AppL_{Ben}$, $AppL_{Instr}$, $AppL_{Loc}$等）

低位施用结构[1]

a. Low-Appl$_{To}$（接受型施用结构）

$\lambda x. \lambda y. \lambda f_{<e,<s,t>>}. \lambda e. f(e, x)$ & theme(e, x) & to-the-possession(x, y)

b. Low-Appl$_{From}$（来源型施用结构）

---

[1]Curvo(2003)认为,西班牙语中还存在第三种低位施用结构,即APPL$_{at}$。

$$\lambda x. \lambda y. \lambda f_{<e,<s,t>>}. \lambda e. f(e, x) \text{ \& theme}(e, x) \text{ \& from-the-possession}(x, y)$$

Pylkkänen提出了高位和低位施用结构的测试标准。

（13）

测试方式	高位施用结构	低位施用结构
非作格动词施用化	√	×
状态动词施用化	√	×
施用论元描述性限定	√	×

英语属于低位施用结构，施用论元和直接宾语之间存在位置关系的转移。例如，eat 和 hold 就不能增加额外的施用论元。一个人不会因为吃了另一个人的食物就成了食物的拥有者；同样"拿包"事件也不能导致另一个人变成包的拥有者。非作格动词run 没有域内论元，施用论元无法建立位置的转移关系，相应的句子也就不合语法。

虽然 Larson（2010）对 Pylkkänen 的低位施用结构的形式语义分析提出了质疑，但总体来说她的分析对非核心论元的研究起了积极的推动作用。她分析的语言和涉及的结构多样，提出的分析方案使得人们对论元引介策略有了更为全面且深入的了解。而且，她在分析时将形式句法和形式语义紧密结合，为后来的句法–语义界面研究提供了可供参考的分析框架。她的高位和低位施用结构是许多后续研究的基础，众多学者以她的分析为出发点，或对其拓展，或对其验证，或对其修正。

2.McGinnis（2001）

McGinnis 在 Pylkkänen 的分析基础之上，将高位和低位施用结构与乔姆斯基的语段理论结合起来，分析了对称性施用结构和非对称性施用结构的差异[①]。这两种结构的特点可以总结为下表。

---

①根据Kimenyi (1980) 和 McGinnis (2001)的调查，同一种语言也会同时存在对称性施用结构和非对称性施用结构。例如，卢旺达语(Kinyarwanda)中，受益型的施用结构是对称性的，方位型的施用结构是非对称性的。

（14）

非对称性施用结构	对称性施用结构
直接宾语缺乏宾语属性	直接宾语和施用论元具有宾语属性
施用论元与直接宾语相关	施用论元与事件相关
动词有及物性限制	动词无及物性限制

通过被动转换可以看出两种结构的差异。对称性施用结构中,施用论元和直接宾语都可以移到句子的主语处;非对称性施用结构中,只有施用论元才能移到句子的主语位置。

（15）a. K-ely k-i-lyi-i-o　　　　　　 m-ka *t*.

　　 7-food 7SUB-PR-eat-APPL-PASS 1-wife

　　 "The food is being eaten for the wife."

　　b. M-ka n-a-i-lyi-i-o　　　　　　 *t* k-elya.

　　 1-wife FOC-1SUB-PR-eat-APPL-PASS 7-food

　　 "The wife is having the food eaten for her."

（16）a. Bill was baked *t* a cake.

　　b. *A cake was baked Bill *t*.

McGinnis通过语段理论对此提供了合理的解释①。语段理论②的核心思想是:句法运算按照语段逐步进行,语段中心语合并之后,其补足语成分马上进行拼读。其补足语的成分只有移到语段的边缘处,才能进行后续操作。这是因为只有语段才有边缘特征,其指示语可以为移位提供"逃逸"出口（Escape Hatch）。McGinnis认为高位施用短语是语段,低位施用短语不是语段。

当高位Appl是语段时,其边缘特征可以使直接宾语移到[Spec,ApplP]处。处于边缘位置的直接宾语离主句的T更近,根据局部性条件,T的EPP特征最终将其移到[Spec,TP]处。此外,施用论元处于语段的边缘位置,可以直接进行移位。这样高位

---

①生成语法框架下较早关注这一现象的是Baker(1988),他通过并入理论(Incorporation Theory)分析了相关现象。除了McGinnis的分析,最简方案框架下进行重新分析的还有Anagnostopoulou (2003)的参数分析法(Parametric Approach)、Ura(1996)的宾语漂移法(Object Shift Approach)、Jeong(2007)的反局部法(Anti-Locality Approach)。

②我们将在第三章的理论框架中介绍语段推导的核心思想。

施用结构的两个宾语都可以进行移位，形成对称性施用结构。

对称性施用结构

（17）

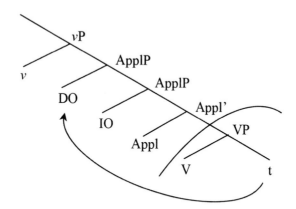

低位 Appl 不是语段，其中心语没有边缘特征，也就不能为直接宾语提供"逃逸"出口。当句法合并到 vP 语段时，根据局部性条件，由于施用论元离语段 v 更近，只能将其移到[Spec，vP]处，生成的结构就是非对称性施用结构。

非对称性施用结构

（18）

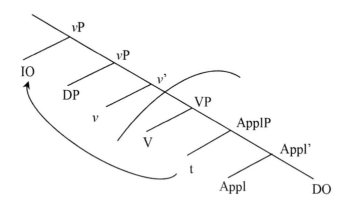

3.Kim（2012）

Kim（2012）将施用结构拓展到其他句式的分析。她分析了英语的致使结构、感事结构和领有结构，这三种句式里面都含有 Appl 投射。致使结构中，have 是 Cause

的中心成分,Appl 合并在 V_{cause} 的下方;感事结构中 Appl 合并在 Voice 的上方。这种合并在 Pylkkänen 的分析中是没有的。

致使结构

(19) a. John had Mary read the book.

b.

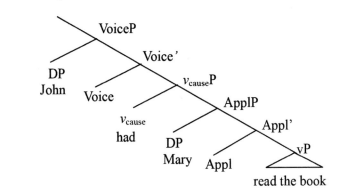

感事结构

(20) a. John had the student walk out of his classroom.

b.

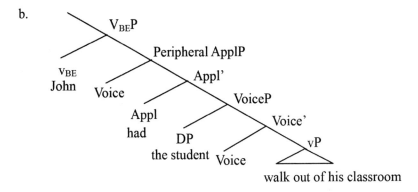

4.Georgala(2012)

Georgala 在 Marantz 和 Pylkkänen 的研究基础之上,提出了题元/提升施用假设。她认为低位施用结构不能解释语言的相关属性。语言事实表明,与格论元和客体宾语之间可以被其他成分隔开。下面的汉语例子中,宾语"孩子们"的语序在"每人"之前,但量词的辖域处于宾语之上。

(21) 我送给孩子们每人一百块钱。

副词限定动词时,一般认为是附加在动词投射之上。如果德语副词"heimlich

'secretly'"处于动词短语的边缘,那么与格宾语"den Studenten'the students'"就在动词短语之外。

(22) ···den   Studenten   heimlich einen   alten   Test   ausgeteilt.

···the.DAT students.DAT secretly   an.ACC old.ACC quiz.ACC distributed

"···secretly distributed an old quiz to the students."

基于上述语言事实,Georgala 放弃了低位施用结构分析。虽然 Georgala 也认为存在两种施用结构,但是它们的句法合并位置完全相同,不同之处在于它们的选择特征。具体而言,她将两种施用结构分别称为题元施用结构(Thematic Applicative)和虚词施用结构(Expletive Applicative)。题元施用结构类似于高位施用结构,其作用是关联个体和事件。提升施用结构涉及虚词中心语 ApplE,其本身没有语义内容。此类结构中,与格宾语是由动词选择的,动词将其和客体宾语联系在一起。转移关系来自动词自身的词汇语义。只有动词隐含拥有关系的转移时,才能使用提升施用结构。与格宾语最终需要移到[Spec, ApplE]处,是为了得到允准。提升结构仍然属于施用结构,因为它包含功能投射 ApplE。

题元施用结构

(23)

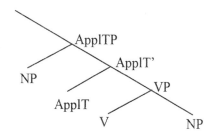

虚词施用结构

(24)

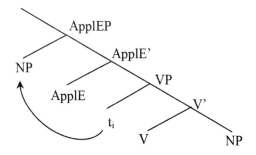

5.Ramchand

Ramchand(2008)在新构式观的视角下对高位和低位施用论元的句法位置进行了初步讨论。根据她的新构式观,动词由三个句法-语义特征组成,即致使特征-中心语Init引导致使事件,[Spec,InitP]允准域外论元;过程特征-中心语Proc表明事件的变化过程,[Spec,ProcP]允准经历变化或过程的论元;结果特征-中心语Res表明事件的最终状态,[Spec,ResP]允准表结果的域内论元。双宾结构中,施用论元合并在[Spec,ResP]处。

（25）

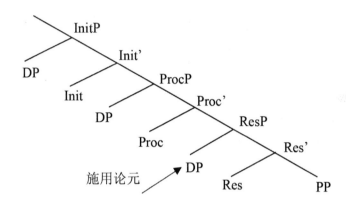

Ramchand假设高位施用结构的中心语在动词分解的投射之外,与整个事件有关,中心语表达的是施用论元和致使事件①之间的关系。我们不难发现,此位置和Pylkkänen的稍有差别,Pylkkänen的高位中心语合并在轻动词 v 的下面。Ramchand认为,并没有足够的证据可以证明高位投射一定合并在轻动词下方。从语义角度来看,高位施用中心语的补足语表示整个事件。Pylkkänen之所以将其放在较低的位置,是因为结构上最高的论元最终需要移到句子的主语[Spec,TP]处核查EPP特征和格特征。如果施用论元有其本身格的形式,对于移位来说该成分是不可视的(In-visible),那么它就可以在InitP之外合并。

6.Bowers

Bowers(2010)在最简方案框架下对论元结构进行了系统研究。他认为,核心论元和非核心论元在句法结构中并没有本质的差异。所有的论元和各种附加语都是

①Pylkkänen 的 vP 最接近于Ramchand 的 InitP。

合并在功能语类的指示语处。合并遵守的顺序如下（Bowers,2010：17）：

（26）普遍合并顺序（Universal Order of Merge；UoM）

Purpose >Place >Time >Manner >Ag >Instr>Ben >Goal >Source>Th>Aff>Voice>Pr>T>C

（27）John threw the ball to Mary.

句子推导时，功能中心语首先与词根（Root）合并，词根包括论元选择特征，词根嫁接到中心语上才能删除相关特征，中心语所具有的语类特征和功能特征必须跟词根的特征相匹配，才能进行特征删除。例如，词根√throw带有[Ag]、[Th]和[Aff]三个论元选择特征。首先词根与Ag合并构成Ag'，词根嫁接到Ag位置。此时，词根√throw的[Ag]特征被删除。Ag的语类选择特征是DP或PP,Ag'可以与John合并，构成AgP。然后AgP会继续跟功能中心语Th合并，构成Th'，Ag嫁接到Th上，这时√throw的[Th]特征被删除。Th的次语类化选择特征是DP，所以Th'与the ball合并构成ThP。接着，ThP与Aff合并，构成Aff'；之后，Th嫁接到Aff上,√throw的[Aff]特征被删除。Aff可以选择DP，也可以选择PP，因而可以和to Mary合并，构成AffP。最后，生成的结构再与Voice、T和C等功能中心语合并，通过移位的方式生成合乎语法的句子。部分结构如下所示：

（28）

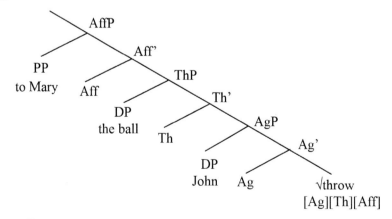

7.Bosse等

Bosse等（2012）区分了不同类别的非核心论元，其中有一类是被影响历事（Af-fected Experiencer）。他们认为这类论元通过功能语类Aff引导，中心语Aff可能位于 VP 和 Voice 之间,也可能位于 Voice 之上。这种差异主要是基于德语和日语来源信息(Source Information)的诠释差异考虑的。德语中,历事者心理感觉的来源不包括施事主语 Alex,对 Chris 有影响的只是"Ben 的花瓶打碎了"这个事件。日语中,施事主语则包含在心理感觉的来源信息中。

（29）a. Alex zerbrach Chris   Bens   Vase.

　　　　Alex broke   Chris.Dat Bens.Gen vase.Acc

　　　　"Alex broke Ben's vase on Chris."

　　 b. Sachi-ga   Masa-ni   Aiko-no   Kabin-o   Kowas-are-ta.

　　　　Sachi-Nom Masa-Dat Aiko-Gen vase-Acc break-Aff-Past

　　　　"Masa broke Aiko's vase on Sachi."

基于上述差异,它们的句法结构分别如下表示。

德语

（30）

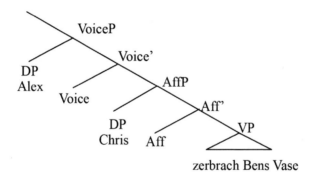

日语

（31）

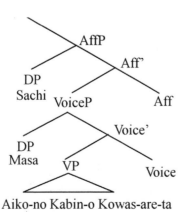

2.2 国内研究

相对于英语来说,现代汉语非核心论元的使用自由度较大,通过生成语法框架进行研究挑战性更大。尽管这样,仍有一大批致力于生成语法研究的学者对汉语的特殊句式进行了卓有成效的探索。这充分说明,普遍语法的基本原则和理念在解释汉语相关事实方面完全可行。

在汉语中,存在众多的名词短语与句子的主要谓词没有直接关系的情况,同时这类结构也没有显性的形态标记来引入相应的非核心成分。这些结构是不是施用结构,目前大致有两派观点。一派观点认为施用结构的分析同样适合于汉语研究,例如蔡维天(2005)、Tsai(2017,2018)、钟叡逸(2007)、程杰、温宾利(2008)、程杰(2009)等;还有一派观点认为,施用结构不适合于汉语的分析,如胡建华(2008,2010)、何晓炜(2010)、马志刚(2010)等。

在生成语法框架下,学者们一般将下列句式纳入非核心论元句式的研究:领主属宾句(徐杰,1999;温宾利、陈宗利,2001;潘海华、韩景泉,2005;胡建华,2008;杨大然,2008;马志刚,2009;潘海华、韩景泉,2018等);非常规宾语句(冯胜利,2005;陈杰、温宾利,2008;孙天琦、李亚非,2010等);双宾句和伪双宾结构(黄正德,2007;何晓炜,2010;程杰,2011;蔡维天,2016等;满在江,2003;王奇,2005;顾阳,1999;周长银,2000;邓思颖,2003)。

2.2.1 管约论时期

非核心论元是如何引入句法结构中的,管约论时期对功能语类的研究还刚刚处于起步阶段,学者们主要通过格理论和并入理论解释了相关特殊句式。此时的功能语类研究还未得到足够的重视,因而汉语的特殊句式的基础生成位置基本和词汇投射有关,这方面的典型研究有徐杰、黄正德和冯胜利等。

徐杰(1999)从生成语法的角度对汉语的领主属宾句和保留宾语被动句进行了统一的句法分析,率先提出了"领有名词移位"的观点,并且得到了积极的响应。虽然后来研究者发现该分析方案存在诸多问题,但是对于汉语特殊句式的生成句法研究,其贡献之大和影响之深远,是不言而喻的。徐杰认为,领有名词短语原本位于宾语的修饰语处,在推导过程中移到了句首,生成"王冕死了父亲"这个句子。同时他认为被动句中的保留宾语也可以进行同样的分析。

(32)

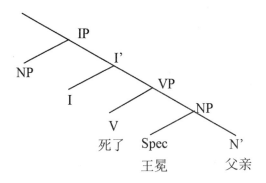

冯胜利(2005)通过中心语移位分析了汉语的代体宾语结构,如写毛笔、吃大碗等。他认为代体宾语句是中心语移位和焦点韵律强迫的结果。动词后的宾语是动作的涉及者,基础生成于[Spec, VP],上层动词是轻动词,没有显性的语音表现。出于韵律的考虑,下层动词移到上层轻动词处,就生成了代体宾语句。

(33)

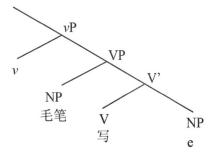

黄正德分析了下面的伪双宾结构。该类结构中,动词后的第一个论元是动作的影响者。他认为,"我"基础生成于[Spec, VP]处,具有[+Affected]的题元角色。领属关系的解读取决于句子所处语境。

（34）张三喝了我两瓶啤酒。

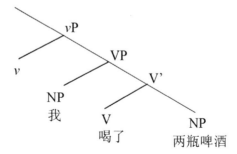

黄正德（2007）对领主属宾句也提出了自己的看法。他认为该类句式中存在致使投射Cause。致使成分"王冕"生成于[Spec，CauseP]，并且成分统制pro。根据最短距离原则，pro与王冕同标。

（35）

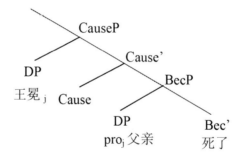

2.2.2　最简方案时期

管约论时期对汉语非核心论元的关注相对有限，相关语言事实被认为是对题元理论的巨大挑战。当时的许多学者对此避而不谈，其中主要原因可能是缺乏行之有效的分析手段。20世纪90年代，生成语法发展到最简方案时期，该时期对功能语类的重视达到了前所未有的高度，语言间的变异大多可以从功能语类的差异和特征上寻求解释。从功能语类的角度研究汉语的非核心论元也就成为学者们的努力方向。不同学者关注的句式不同，但基本思路都是探讨功能语类分析相关句式的可行性。分析时提出的功能语类主要有：Appl，v，Topic，Cause，F/G等。

1.功能语类 Appl

程杰和温宾利（2008）讨论了两类非核心论元：一类是不及物动词后接名词短

语,另一类是单及物动词后接名词短语。他认为这两种结构的非核心论元的生成方式一致,都处于[Spec, ApplP]的位置。汉语没有低位投射,只有高位投射。

（36）

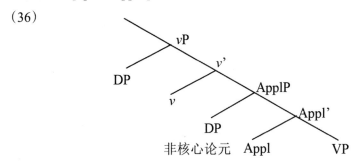

孙天琦和李亚非(2010)讨论了三种不同的非核心论元结构,区分了两种允准模式:一种以"吃食堂"为代表,这里的非核心论元占据常规论元位置,是由汉语独特的词汇属性决定的;另一种以"我烧了他三间房""他断了一条腿"为代表。这里的非核心论元具有跨语言的普遍性,通过施用操作引入。孙天琦和李亚非认为汉语属于低位施用结构。从跨语言角度来看,转移的方向有两种,即接受性的和来源性的,汉语偏好的方向恰好是接受性的。

（37）

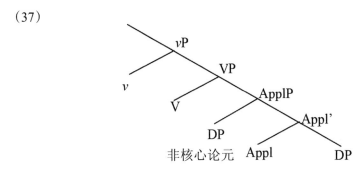

蔡维天(2018)对汉语的非核心论元结构进行了深入研究,认为需要区分三种不同的施用结构才能对汉语的相关现象进行系统描述。

（38）

		感叹	言者中心	非作格	IO被动	DO被动	静态拥有
高位	影响	√	√	√	×	×	×
中位	受益	×	×	×	×	√	×
	影响	×	×	×	√	×	√
低位	受益	×	×	×	×	×	√

高位施用结构与 CP 语段相关，涉及句子信息结构的重组；中位施用结构与 vP 语段有关，涉及句子的事件结构；低位施用结构与句子最底层的动词短语 VP 有关，涉及句子的论元结构，可以用如下的图进行展示：

（39）

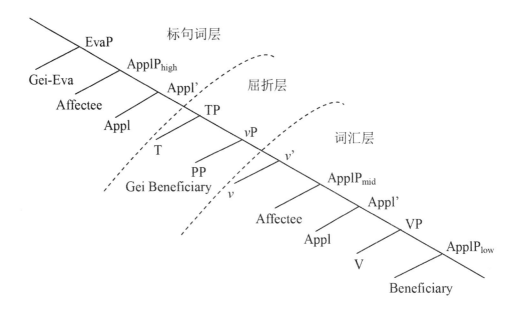

2.功能语类 F 或 G

邓思颖（2003）和何晓炜（2010）通过功能投射 FP 或 GP 研究了汉语的双宾结构。邓思颖认为双宾结构比与格结构多了额外的功能投射 FP，该投射位于 VP 和 vP 之间。F 在给予类双宾结构中表示"拥有"；在取得类双宾结构中表示"失去"。F 在现代汉语中可以没有语音形态，也可以外在表现为"给"和"走"。在 V 到 v 的移位过程中，F 是必经之路。何晓炜通过跨语言的对比，提出功能语类投射 GP 的参数变异思想。G 表达传递的意义，也是英汉双宾结构差异的根源所在。汉语中，G 的取值可正（G+）可负（G-）。当取正值时，构成右向双宾结构；当取负值时，构成左向双宾结构。G 还可以有具体的语音外在表现形式，如"给"和"走"。英语只存在取正值的空成分 G+，因此英语中只存在右向双宾结构。

（40）

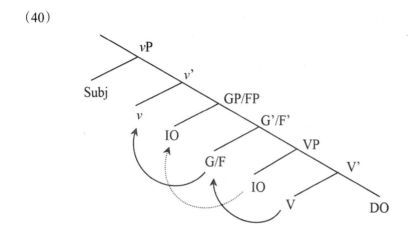

3.功能语类 Topic

从语言类型来看,汉语是典型的话题突出性语言(Topic-prominent Language),话题在句法构造中扮演重要角色。有学者认为,汉语的领主属宾句实际是话题结构,潘海华和韩景泉(2005,2008)、杨大然(2008)认为"王冕"是基础生成的;温宾利和田启林(2011)认为"王冕"是移位生成的。

（41）

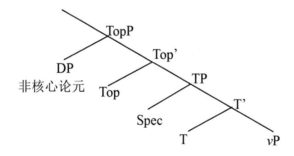

潘海华和韩景泉(2005,2008)认为此类结构中,话题与述题中的动词不直接相关,又找不到相应的句法空位,属于悬垂话题结构。由于述题部分语义并未饱和,所以就会有语义空缺。语义空缺相当于一个变量,允准位于句首位置的话题。

杨大然(2008)使用λ抽象法可以将述题部分变成语义开放性谓词,即存在语义空位。"王冕"可以构成一个集合,"父亲"与"王冕"之间的领属关系使得"父亲"可以成为该集合的成员。悬垂话题"王冕"填充述题部分中的语义空位,充当开放性谓词的论元,继而得到允准。

温宾利和田启林(2011)通过语段理论分析该类结构的句法推导过程。他们认为表领有者的名词短语和表所属物的名词短语位于同一个DP之中。当该DP不在语段的边缘位置,即C和v*的指示语位置时,表领有者的名词短语可以移位到话题位置。

4.功能语类 v

朱行帆(2005)通过轻动词讨论了不及物动词接宾语的现象。以"王冕死了父亲"为例,他假设该句的主语不是通过移位生成的,而是基础生成于[Spec,vP]处,表示事件的经历者。轻动词v是个二元轻动词,选择"王冕"做主语并将"经历者"的题元角色分配给该主语,同时选择动词短语作为其补足语。轻动词分析可以给下面的句子提供统一的生成方式。

(42) a. 他来了客人。

b. 工厂垮了一堵墙。

c. 图书馆丢了五本书。

(43)

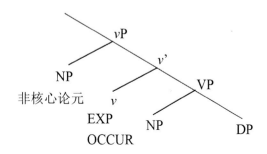

林宗宏(2001,2010)对汉语的句式进行了比较详细的研究,他认为汉语是"戴维森式语言(Davidsonian Language)",构成事件结构的成分同时也是建构句子的成分,即事件谓词或轻动词。林宗宏认为,汉语的动词没有论元,论元通过各种类型的轻动词引入句法结构中。例如,汉语动词"吃"的宾语可以有如下的形式:

(44) a. 吃牛肉面[受事宾语]

b. 吃大碗[工具宾语]

c. 吃馆子[处所宾语]

他认为这些宾语的类型多样,但都是通过轻动词 v 引入的。轻动词本身具有不同的语义,使得宾语具有不同的语义解读。下层轻动词以 VP 为补足语,NP 为指示语。[Spec,vP]容纳受事、工具和处所宾语,分别由[UPON]、[USE]和[AT]允准。

(45)

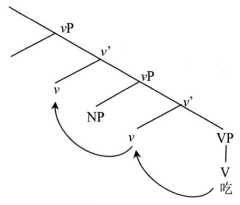

汉语主语的类型也是多样的,例如:

(46)a. 张三开了一辆坦克车。[施事]

　　b. 高速公路上开着一排坦克车。[地点]

　　c. 这辆车开得我吓死了。[致使]

林宗宏认为特定的主语选择不同的轻动词,从而将不同的主语引入句法结构中,包括 DO、EXIST 和 CAUSE 等。

(47)

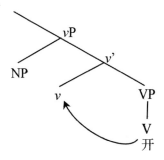

2.3 小结

非核心论元的使用是一个极其复杂的语言现象,涉及形态、句法、语义和语用等诸方面。非核心论元曾经是句法研究的边缘领域，但现在情况已经变化，相关结构的研究已经成为生成语法领域一道独特的风景线。在过去的几十年时间里，学者对它们的认识不断加深，研究成果极大地推动了理论语言学的健康发展。从国内外非核心论元分析的文献来看，我们可以看出目前的研究呈现如下特点和发展趋势。

1.非核心论元的跨语言比较研究。生成语法早期研究的语言相对比较单一，但进入原则与参数理论时期后，研究的对象语言迅速扩大，几乎包含了世界上所有类型不同的语言。非核心论元研究的语言数量同样在不断扩大。继 Baker（1988）和 Marantz（1993）的开创性研究之后，国外学者研究了许多其他语言的非核心论元，包括日语、汉语、西班牙语、德语、芬兰语等。国内许多学者也从汉语的角度对非核心论元进行了研究，且基本能够使用理论语言学的最新发展思想来分析相关句式。

2.非核心论元允准的功能语类研究。生成语法对句子结构研究的重心也从词汇语类转向功能语类，并从功能语类的角度探讨语言表面差异背后的深层原因。从跨语言的角度来看，非核心论元呈现出较大的差异性。虽然分析的细节有所差异，但从国内外的非核心论元研究来看，基本是从功能语类角度来探讨相关句式的。

3.形式句法和形式语义的结合研究。生成语法坚持"句法中心论""句法自主观"，但在目前的研究中，越来越多的生成句法研究者同样关注语义问题，在句法分析时，他们能够对相关的句式进行精确的形式语义刻画。非核心论元的研究中，句法–语义的界面研究也成为发展趋势。

同时，我们发现汉语的非核心论元研究也存在一些不足之处。

1.研究句式相对孤立、缺乏系统性、创新性。学者研究非核心论元时，通常关注少量的非核心论元句式，没有对汉语各种类型的非核心论元句式进行系统、综合考虑，因而提出的分析是否具有普适性有待进一步探讨。此外，分析相关现象时，以国外理论应用为主，且难以形成大家一致认可的分析方案。

2.缺乏非核心论元结构的句法—语义界面研究。目前的非核心论元基本是从句法角度进行研究的，也有部分从纯粹形式语义学的角度进行分析的，但是以生成语法为框架，对汉语非核心论元进行形式语义学分析的研究目前十分缺乏。

3.英汉非核心论元的对比研究相对薄弱。只有通过比较才能更好地发现语言的共性和差异。目前，国内的研究大多关注现代汉语的非核心论元的生成，对比研究基本局限于英语和汉语的双宾结构，缺乏英汉非核心论元的全面、系统的对比分析。

第三章

理论框架

本研究是英汉非核心论元的句法–语义界面研究,需要涉及相关的句法理论和语义理论。现代语言学经过多年的发展已经衍生出各种范式的句法理论,如词汇功能语法、词语法、中心词驱动短语结构语法、角色与参照语法等。同样,在过去的几十年中语义学的研究也呈现出百花齐放的局面,有蒙太古语义学、动态语义学、事件语义学、情境语义学、话语表征理论等。本研究使用的句法理论框架是乔姆斯基开创的最简方案(The Minimalist Program),语义理论是形式语义学的组合性原则和戴维森(Donald Davidson)等倡导的事件语义学(Event Semantics)。需要说明的是,本章只是选择性地介绍与本研究分析有关的一些重要的句法和语义分析方法和手段,若需全面、系统了解最简方案和相关形式语义学的基本思想,可以参考相关著作[①]。

3.1　最简方案

最简方案是在管约论基础上提出的一种崭新的语言研究思路。管约论的原则和参数模式至少在理论上较好地解决了描写充分性和解释充分性之间的张力(Tension),完美地处理了语言的共性和个性问题。但是随着研究的深入,一些问题便凸显了出来。语言间的差异解释过度地依赖于附着在原则之上的参数,过多的参数设置则有悖于语言习得的快速性和一致性。这样原则和参数系统与之前的规则系统已经没有本质的差别。普遍语法原则的存在对语言的进化也造成了一定的挑战。虽然普遍语法(Universal Grammar)的原则是内在于大脑的,但自然语言出现在人类的时间是相当短暂的,从进化的角度来看,不可能在如此短的时间内进化出那么多

[①]介绍最简方案的专著有 Adger、Hornstein、Radford、Gelderen、梅德明等。介绍形式语义学和事件语义学的专著有 Heim & Kratzer、Parsons、吴平、蒋严和潘海华等。

只适用于人类语言的原则。此外,在管约论阶段,乔姆斯基提出了许多概念,如空语类、D-结构、S-结构等,这些概念的提出只是基于理论内部的(Theory-internal)一致性的考虑,并不具有概念上的必然性(Conceptual Necessity)。

鉴于此,乔姆斯基对原有模式进行了彻底的革新,提出了语言研究的最简方案思路。他采用牛顿–伽利略的自然科学的研究风格,认为自然界是完美的。作为自然界的有机组成部分,语言同样具有完美性。语言以最完美的方式满足外在系统施加的界面条件。人类语言的运算系统是相同的,语言变体只局限于词库中的功能语类的相关特征。最简方案将普遍语言的原则降低到最低限度,而将研究的重心转移到第三要素(The Third Factor)方面。

主导最简方案的一个中心原则就是经济原则,包括方法论经济和实体性经济。前者是科学研究的基本要求,研究应该以尽可能少的假设解释尽可能多的现象,而且构建的理论必须具有对称性、概括性和抽象性,没有冗余性。乔姆斯基一直以此作为其研究目标。实体性经济则是最简方案时期提出的,包括推导经济性(Economy of Derivation)和表征经济性(Economy of Representation)。前者指句法推导过程必须遵循经济性原则,如最短移位、最少步骤、最后一招等。后者指在逻辑和语音式中,所有的成分必须得到充分诠释(Full Interpretation)。

3.1.1 从语迹论到复制论

自然语言的一个根本属性就是有的句法成分的诠释位置不同于其实际发音位置。生成语法通过移位解释这种错位特征。在管约论中,当某一句法成分移动后,原来的位置上会留下一个同标的语迹 t。语迹和其先行语构成一条语链(Chain)。该成分是一个空语类,没有具体的外在语音形式,因此在语音式中是不可见的;但是在逻辑式中,语迹在语义诠释中却发挥着重要的作用,如:

(1) a. What did John buy?

b. What$_i$ did John buy t$_i$

语迹所具有的句法特征,由它的先行词所处的位置决定,并且遵守空语类原则。管约论的很多研究聚焦在空语类的属性上,并区分了三种性质截然不同的语迹,即论元移位留下的名词短语语迹、非论元移位留下的wh–语迹和中心语移位留下的语迹。

最简方案(Chomsky,1993,1995 a,1995 b)对许多概念进行重新审视,其中包括移位。乔姆斯基认为,句法运算中所有的特征都是从词库提取而来的,运算过程中不能随意添加任何新的成分,这就是包容性条件(The Inclusiveness Condition)。显然,移位留下的语迹违反了这一条件,语迹不是从词库中提取出来的成分。而且"同标"本身也违反了包容性条件。总而言之,语迹论不符合最简方案的基本需求。

为了解决这一问题,乔姆斯基(1993,1995b)建议取消语迹的概念而采用复制的概念。具体来说,当某一语类移动之后,在原位置留下了与先行语一致的句法特征,两者形成一条语链,例如:

(2) a. The book has been read.

b. The book has been read the book.

在语音式中,语链中的一个成分,通常是链尾,必须被删除,这是语链线性化的需求。逻辑式只涉及语义诠释,与线性化①无关,所以较高的复制和较低的复制都得以保留,较低的复制与论元结构有关,较高的复制则与信息结构有关。

移位复制论遵守包容性条件,避免了移位语迹论的问题。同时该理论还有其他优势:约束理论可以只通过逻辑式就能进行合理描述,同时"重构(Reconstruction)"的概念也可以废除。例如:

(3) a. Which picture of himself did Jonathan like?

b. [Which picture of himself]$_i$ did Jonathan like t_i?

c. [Which picture of himself] did Jonathan like [which picture of himself]?

根据语迹论,移到句首的wh-短语"which picture of himself"必须在逻辑式中重构到其语迹的位置,才能使照应语himself在局部范围内受到Johnathan的约束。但如果采用复制论,which picture of himself只是在外化的语音式中删除。在逻辑式中,himself在其基础位置能够受到Johnathan的局部约束。

由于其简化语法理论的优势,移位复制论在最简方案中已经得到了广泛认可。

---

①Jairo Nunes对此进行了详尽的论述,有兴趣的读者可以参考其1995年博士论文"The Copy Theory of Movement and Linearization of Chains in the Minimalist Program"和2004年的专著 Linearization of Chains and Sideward Movement (MIT Press)。

3.1.2 从X–阶标结构到光杆短语结构

生成语法短语结构理论经历了三次重大变化，从标准理论的短语结构规则（Phrase Structure Rules）发展到管约论时期的X–阶标结构（X-bar Structure），再到最简方案时期的光杆短语结构（Bare Phrase Structure）。这种变化体现了生成语法一贯追求的方法论——最简主义的思想。

针对短语结构规则的缺陷，生成语法提出了X–阶标理论，并将其作为普遍语法的一个重要组成部分。X–阶标结构具有跨语类的概括性，适用于所有语言的所有结构的分析。

（4）

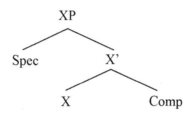

X–阶标结构中，X是个变量，可以是词汇语类（Lexical Category），如名词、动词等；也可以是功能语类（Functional Category），如限定词、标句词等。中心语X向上投射成两个层次，分别是中间投射X'和最大投射XP，这就确保了短语结构的向心性（Endocentricity）。中心语X的姊妹节点是补足语（Complement）；中间投射X'的姊妹节点是指示语（Specifier）。

X–阶标理论中阶标层次的存在违反了包容性条件，不符合最简方案的基本信念。因此，乔姆斯基（1993）取消了X–阶标理论，转而使用光杆短语结构理论。如图所示：

（5）

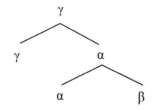

光杆短语结构不区分中心语和终端节点,不用符号标示三个层次。只有最小投射和最大投射能够被逻辑式识别,中间投射不具有可视性。最小投射是不进行任何投射的语类,也就是直接从词库中选择的词汇项目;最大投射是不进一步投射的语类。这样,投射层次不是结构固有的、一成不变的,而是从句法关系中推导而来。

光杆短语结构在理论上具有明显的优势,完全符合最简方案的基本理念,但在实际分析语料时,会出现标记上的困难,同时也会降低句法结构的可识别度。因此,本研究在句法结构分析时,仍然采用管约论时期的X-阶标结构,尽管X-阶标结构在理论上已经失去其存在的意义。

根据生成语法的主流观点,句子结构可以细分为三层,即动词层、屈折层和标句词层,它们具有跨语言的普遍性。动词层处于最底层,主要涉及论元结构,所有论元必须在动词层合并;位于中间层的是屈折层[1],主要标注句子的时、体、否定、一致等相关信息;处于最上层的是标句词层[2],主要对句子的句类进行标注。如下图所示:

(6)

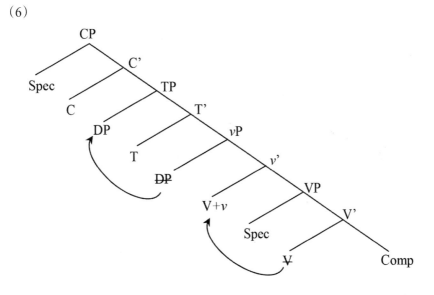

上述结构还涉及句法结构的三个核心假设:DP假设(DP Hypothesis)、VP-壳假

---

①这里TP是目前的通行标注,其前身为IP(Inflectional Phrase),IP在有的句法分析中仍然可以见到。

②根据Rizzi(1997)的分裂CP假设,标句词层分为两个系统,即"语势-限定"(Force-finiteness)系统和"话题-焦点"(Topic-focus)系统。前者是任何句子不可或缺的部分,后者仅在需要时进行句法投射。在本书的分析中,当最高层的CP对我们分析句子的结构没有影响时,通常省略。

设（VP-shell Hypothesis）和动词短语内主语假设（VP-internal Subject Hypothesis）。

DP-假设（Abney，1987）：传统名词短语的中心语不是名词N而是D，NP是中心语D的补足语成分。处于中心语D位置的成分可以是具有语音形式的冠词、量词或代词，如the、a/an、each、all 、every、him、they等。这样名词短语的结构可以和句子在最大程度上保持一致，它们都是功能语类的最大投射短语。

VP-壳假设（Larson，1988）：动词层由两个动词短语构成，VP被中心语为空的 v P 支配，v 为下层的动词移位提供落脚点。域内论元在VP内合并，域外论元合并在[Spec，vP]处。VP-壳假设很好地分析了自然语言双宾结构中两个宾语之间的非对称关系。

动词短语内主语假设（Koopman and Sportiche，1991）：主语在其最初合并位置处于[Spec，vP][1]，通过移位最终移到[Spec，TP]处[2]。主语在其基础位置满足动词的论元结构，在其移位位置为了满足T的EPP特征。

3.1.3　从合并到极简合并

采用光杆短语结构理论，句子通过合并的方式动态生成。正如乔姆斯基（Chomsky，1999）所指出的，合并是递归系统不可或缺的操作手段。合并首先选择两个句法体A和B，然后将它们构成新的句法体G={A，B}。合并的两个句法体构成一个无序集合，没有先后顺序之分。线性顺序[3]只是感觉–运动系统施加的界面条件。乔姆斯基（2001）区分了两种合并：外部合并和内部合并。如果A和B是相互独立的句法体，A和B的合并就是外部合并；如果其中一个成分是另外一个成分的组成部分，A和B的合并就是内部合并。内部合并也就是生成语法探讨的移位[4]。如下图中，{α{α，β}}、{α{α，γ}}、{λ{α，λ}}是外部合并；{λ{γ，λ}}是内部合并。

---

①该假设最初提出时的结构还没有采用VP-壳分析，因此主语位于[Spec, VP]处。
②当时采用的是IP分析，因此主语的落脚点就是[Spec, IP]。
③最简方案认为，狭义句法关注的是句子的层次结构，而不是线性语序。
④作为人类语言特有的现象，移位一直是生成语法探讨的热点。早期合并与移位被认为是两种截然不同的句法操作。前者是无代价的，可以自由使用；后者是有代价的，必须具有动因。这里乔姆斯基把合并与移位有机统一了起来，它们的使用都是无代价的，可以任意使用。乔姆斯基关于移位的最新观点，可以参考他2019年在UCLA（加利福尼亚大学洛杉矶分校）做的系列演讲内容。

（7）

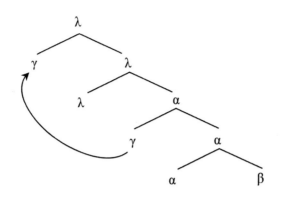

　　两种合并各有不同的分工,这体现了语义双重性(Duality of Semantics)。其中,外部合并表达的是深层语义(Deep Semantics),与题元结构有关;内部合并表达的是表层语义(Surface Semantics),与信息和话语结构有关。外部合并和内部合并的交替使用,就可以动态生成各种结构。例如"Which room has the girl cleaned? "这句话中,运算系统从词库中选择的词汇项目是{{C, has}, { v , the, girl, cleaned, which, room}},然后通过合并,按照语段逐步推导,生成如下的结构:

（8）

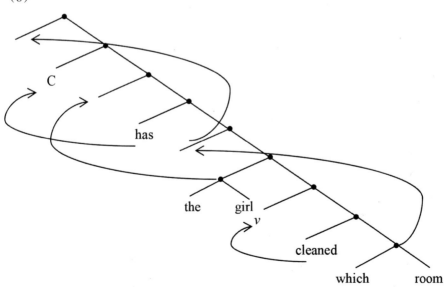

不同的短语在逻辑式中具有不同的诠释,在语音式中也有不同的表现,所以γ至少要以{δ, {α, β}}的形式出现,δ为γ的标记(Label)。理论上δ的标记有三种可能性:a.α和β的交集;b.α和β的并集;c.α或β。只有最后一种是可行的标记形式。如果α投射,标记则为α;如果β投射,标记则为β。前两种情况是不存在的标记形式,因为α和β的交集一般为空,α和β的并集会自相矛盾。例如,动词和名词具有的特征分别是[+V, −N]和[+N, −V],它们的交集是{+V, −N}∩{+N, −V}=Ø,它们的并集是{+V, −N}∪{+N, −V}={+V, −V, +N, −N}。

合并之后产生的标记是投射产生的结果,但乔姆斯基(2013,2015)指出了投射存在的问题,并设法去除"投射"这一概念。乔姆斯基(2019)对合并进行了全面反思,认为合并必须满足如下基本要求:①描写充分性(descriptive adequacy);②强势最简命题(strong minimalist thesis);③限制运算资源(restrict computational resources);④确定性(determinacy);⑤稳定性(stability);⑥递归性(recursion);⑦二元性(binarity)。其中,描写充分性是构建句法理论的指导原则;强势最简命题涉及非破坏条件、包容性条件和语段不可渗透条件等第三要素;限制运算资源指的是合并必须不能扩大工作空间,这意味着包含在工作空间内的句法体在合并之后不能增加;确定性表明可及项在工作空间中只能出现一次,合并不能生成两个或两个以上的可及句法体;稳定性表明句法体的诠释在推导过程中不能改变;递归性要求生成的句法体对进一步的句法运算必须是可及的;二元性要求合并的对象只包含两个句法体。

这样,合并生成的句法体是没有任何标记的集合{A,B},这种合并称为极简合并(Simplest Merge)。但不可否认的是,标记仍然是句法运算中不可或缺的成分。若合并的句法体要参加进一步的运算或在接口层面获得相应的语义诠释,该句法体必须获得相应标记。为此,乔姆斯基提出了加标算法(Labelling Algorithm),将加标操作归结于最小搜寻原则(Minimal Search)。加标算法[①]选择最近的中心语作为标记。最小搜索不是狭义语言机能的组成部分,而是有效运算的基本原则,属于第三要素。

如果需要加标的句法体由中心语和短语构成,加标算法则选择该中心语为标记,如{V,DP}和{D,NP}等。

---

① 这里的加标算法与乔姆斯基(2008)提出的概念不太一样。当时乔姆斯基认为,选择性的成分决定句法标记。

（9）

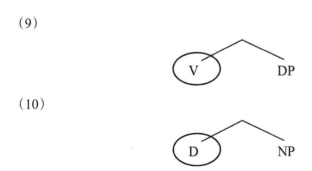

（10）

然而句法体由两个短语{XP，YP}构成时，加标算法就会搜索到两个潜在的中心语X和Y，这样生成的句法体就无法获得标记。针对这个问题，乔姆斯基提出了两种挽救的办法：一种是将其中的一个成分移出；另外一种则是通过特征共享加标。

（11）

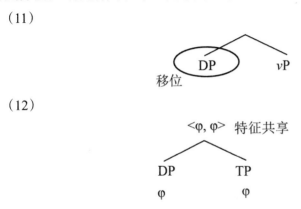

（12）

3.1.4　从单一拼读到多重拼读

最简方案早期的语法框架简单表示如下：

（13）

词库为句法运算提供词项，运算系统将这些词项通过合并和移位的方式，生成

43

推导式和结构表达式。运算系统先将选择的词汇项目组成词汇系列（Lexical Array）或读数集（Numeration）。句法运算只涉及词汇的形式特征（Formal Feature），即形态句法特征，而不涉及词汇的语义特征和音系特征。在推导的某一点，拼读①（Spell-out）操作将语音特征剥离出来送往语音式（Phonetic Form），其余特征继续运算，通向逻辑式（Logical Form）。拼读时，词汇系列中的所有词汇项目必须合并完毕。拼读前的部分称为显性句法（Overt Syntax），同时与π和λ发生联系；拼读后的部分称为隐性句法（Covert Syntax），只与λ发生联系。也就是说，在LF层面的运算对句子的发音不会造成任何影响。句法推导生成的句子会有收敛（Converge）和崩溃（Crash）两种结果。若表达式π符合语音系统的要求，该表达式就收敛于语音式，反之则崩溃。对于表达式λ，情况亦然。一个合乎语法的表达式必须同时收敛于逻辑式和语音式。如果句法运算推导结束后，语音式中含有语义信息或逻辑式中含有语音信息，推导就是崩溃的。这也是充分诠释原则的体现。

乔姆斯基（1998，2000，2001a，2001b）发表了系列研究论文，提出了语段推导的思想，改变了之前单一拼读模式。语段推导减轻了句法的运算负担、提高了运算效率。句法结构不必等到所有的词汇项目合并完毕，再分别送到语音式和逻辑式进行诠释，拼读分步骤多次进行。运算系统的过程流程图如下：

（14）

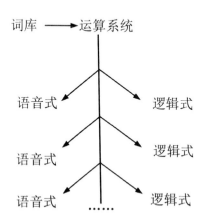

乔姆斯基认为，拼读在语段层面进行。语段在句法、语义和音韵方面具有一定

---

① 可以发现，最简方案取消了D-结构和S-结构，只保留了逻辑式和音系式。这里的拼读不能等同于管约论时期的S-结构，它不是语法的表征层面，而只是句法运算的分叉点。

的特点。句法上,语段中心语通常具有一致特征和边缘特征。语义上,语段具有完整的命题结构。音韵方面,语段成分可以独立进行移位。虽然对语段[①]的构成有一定的争议,但最简方案的研究基本都认可 vP 和 CP 的语段属性[②]。

乔姆斯基(2001a)认为,语段形成之后,其补足语首先进行拼读。语段的中心语及其边缘成分,如指示语,仍然停留在运算系统中,直到下一个语段形成之后才拼读出去。而且,语段中心语一旦合并之后,其拼读域即补足语立刻实施拼读操作。任何包含在拼读域之内的成分不能参与后续的句法运算。如果要使拼读域内的成分能够参与以后的句法运算,只能让该成分移到语段的边缘处,等到下一语段参与相关操作。乔姆斯基将其称为语段不可渗透条件(Phase Impenetrability Condition):在以 H 为中心语的语段 α 中,α 之外的操作无法触及中心语 H 的补足语成分,但能触及中心语 H 和其边缘部分。

（15）

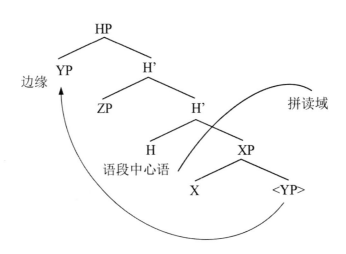

根据语段的拼读思想,连续循环移位是句法运算的必然结果。例如"What do you like? "这句话中的 what 必须经过中间移位才能移到[Spec, CP]处,而不是直接

---

①鉴于名词短语和句子的平行特征,许多研究者认为 DP 也是一个语段。语段是目前最简方案研究的热点之一, Abels(2012)、Citko(2014)等对语段理论进行了全面梳理, Gallego(2010)、den Dikken(2007)和Boskovic(2013)等对语段理论进行了修正。最新进展可参考"Recent Developments in Phase Theory"(2020)。

②最简方案认为,句子的最大投射是 CP 而不是 TP, TP 并不具有独立的语段地位。缺乏域外论元的动词也不能构成独立的语段,如被动分词、非宾格动词和提升动词。文献中有时将这些动词构成的短语称为弱语段(Weak Phase)。

从动词的宾语位置移到[Spec，CP]处。域外论元和动词短语 [$_{vP}$ like what]合并之后，构成轻动词短语 [$_{vP}$ you like what]，v 的词缀特征促使动词与之嫁接。在 vP 语段之内，没有功能语类与 what 的[+wh]特征相互匹配，此时如果 what 拼读出去，就不能参与之后的句法运算，生成的句子就会不合语法。轻动词 v 具有边缘特征(Edge Feature)，可以使得 what 暂时移到[Spec，vP]处，进一步参与句法运算。当 CP 语段形成之后，what 从[Spec，vP]移到[Spec，CP]。

（16）

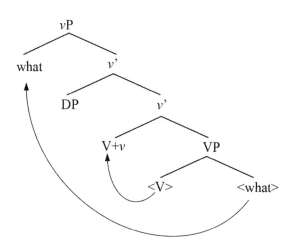

3.1.5　从特征核查到特征赋值

最简方案自开始就提出了特征核查(Feature Checking)的概念。最简方案认为移位的目的就是为了进行特征核查。核查的特征是形式特征，包括一致特征、格特征等。不可诠释特征必须通过特征核查将其删除。特征有强弱之分，强特征必须在拼读之前即显性句法中删除，弱特征最晚在逻辑式中必须删除。特征核查必须在同类的两个特征中进行。乔姆斯基(1995)认为，核查可以在两种结构关系中进行，即附加语-中心语关系和指示语-中心语关系。核查的范围就是核查语域(Checking Domain)。例如，下图中 X 的核查语域是{UP，ZP，WP，H}，H 的核查语域是{UP，ZP，WP}。

（17）

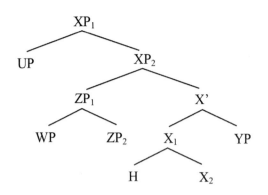

语段概念提出之后,移位不再区分为显性移位和隐性移位,特征强弱的区别也随之消失,这样特征核查就逐渐被特征赋值取代。乔姆斯基认为,不可诠释的特征必须在词库中有所标示,假定有些特征在词库中已经赋值(Valued),有些未赋值(Unvalued),未赋值的特征必须在句法运算过程中取得相应的值。给不可诠释的特征进行赋值的是一致操作(Agree)。未赋值的特征一般用 uF [ ]表示,赋值的特征用 iF [val]表示。

当然要实施一致操作必须满足一定的条件,具体如下:

①探针α(Probe)和目标β(Goal)都必须处于活跃状态,即α和β必须具有不可诠释特征。

②探针和目标的特征必须相互匹配。

③目标必须处于探针的搜索范围之内,也就是说探针必须成分统制目标。

④探针和目标必须处于局部关系。

上述条件必须同时满足,才能实施一致的操作。这里的探针和目标是语段理论中新出现的术语。简单来说,探针就是具有不可诠释特征(Uninterpretable Feature)的中心语,如核心功能语类 C、T、v 等,目标就是具有相应可诠释特征(Interpretable Feature)的短语,如DP。目标要能够参与一致操作,除了具有可诠释特征之外,还要具备不可诠释特征,以确保目标处于活跃状态。一旦不可诠释的特征获得相应的值,就不能参与之后的句法操作。

（18）

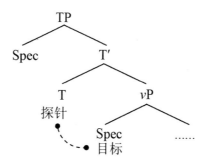

在新的框架下，特征核查就被特征赋值取代。例如：

John loves linguistics.

T具有不可诠释的一致特征和可诠释的时态特征。John具有已赋值的一致特征和未赋值的不可诠释的格特征，一致操作可以成功实施，分别对T和John的不可诠释的特征进行赋值，以确保拼读时所有的不可诠释的特征都成功删除。

（19）

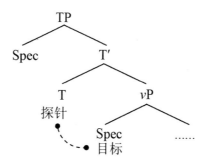

同理，v具有不可诠释的一致特征。linguistics具有已经赋值的一致特征和未赋值的不可诠释的格特征，一致操作可以成功实施，分别对v和linguistics的不可诠释的特征进行赋值。

（20）

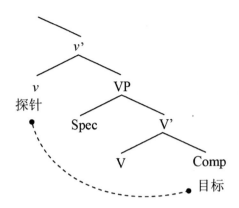

名词内部之间的一致关系①也可以通过特征赋值来解释。例如德语的 die kat-zen（the cats），die 具有未赋值的不可诠释的特征[*u*Num：＿＿]，katzen 的特征是可诠释的，即[*i*Num：plural]。die 和 katzen 就可以建立一致关系，结果使得 die 的 Num 特征得到赋值。

（21）

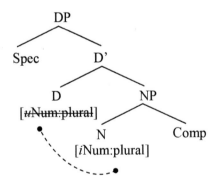

乔姆斯基的一致操作中，特征赋值和语义诠释紧密关联，不可诠释的特征未赋值，可诠释的特征已经赋值。Pesetsky & Torrego（2001）认为同样存在赋值的不可诠释特征 *u*F[val] 和未赋值的可诠释特征 *i*F[ ]。例如动词和时态 T 的一致关系可以体现这一点。句子时态的形态标记在动词上得以体现，但是时态的诠释是在 T 处进行。动词虽然已经赋值，但是该特征是不可诠释的；T 虽然没有赋值，但却是

①名词短语内部之间的一致关系有时称为 Concord。

可以诠释的。T和V之间进行一致操作后，T获得[Past]的值，came的[Past]特征被删除。

上述的一致操作关系是"向下"操作（Downward Agree）：探针在其成分统制范围内搜寻与之匹配的目标，也就是说在结构上探针必须位于目标之上。这种自上而下的关系也受到了一定的挑战。例如，Wurmbrand（2012，2014）、Zeijlstra（2012）等认为一致关系是"向上"操作（Upward Agree），就是探针需要受到目标的成分统制。

Wurmbrand以赋格为例，认为通常名词格是由时态T赋予的，向上一致操作可以成功建立T和DP之间的一致关系。T的时态特征可以给DP的时态特征赋值，DP在语音式中以主格的形式出现。她同时认为，已经赋值的T可以给V的时态特征赋值。

（22）

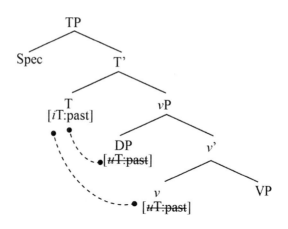

3.1.6 功能语类参数化

语言中的词汇主要有两种，即词汇语类和功能语类。它们在语法构架中的分工比较明确。词汇语类与句子的题元角色有关；功能语类没有题元角色，它们与句法运算有关，如移位、一致等。早期的生成语法通过词汇语类研究论元结构和题元结构，功能语类的研究处于研究的边缘地位。语言之间的差异归结于语法系统中的参数差异，如中心语参数、空主语参数和移位参数等。到了最简方案阶段，功能语类在解释跨语言差异中的作用越来越凸显。Borer（1984）、Fukui（1986，1988，1995）等在生成语法的框架中,较早提出了功能语类变异思想,重点分析了屈折性成分在语言变异中所起的作用。这些分析为构建限制性的参数理论指明了方向。Pollock(1989)通过功能语类解释了英语和法语中动词移位的差异,堪称普遍语法研究的典范。此后,出现了一股功能语类研究的热潮,学者们提出了众多的功能语类来解释语言间的差异。其中最引人注目的就是 Rizzi 和 Cinque 等人开创的制图方案(Cartographic Program)的研究。根据制图方案,所有的语言具有相同的功能语类,并且遵循固定的功能序列(Functional Sequence)。他们认为语言之间的差异归结于功能语类的显性与隐性及移位差异,而不是功能语类的有与无。但 Fukui 认为,功能语类的设置必须有足够的显性证据,并提出了功能语类的可视性准则(Visibility Guideline),即功能语类必须可见于主要语言材料中。功能语类必须在语音式中能够通过三种方式得到识别:①通过外在的语音形式;②影响周边词汇的形态(例如动词);③将一最大投射移到功能语类附近,改变句子的原有语序。

在 Borer(2005)的语法框架中,功能结构成了句子的主要骨架(Skeleton),句法结构的核心是功能语类而不是实词。变异是由功能语类的不同属性决定的,实词不再决定句子的论元或题元结构。Borer 将她的研究方法称为“外骨架”模型(Exo-skeletal Model)。

最简方案直接吸纳了 Borer 和 Fukui 的功能语类变异的基本思想,认为变异局限于词库中功能语类的特征属性。对此,乔姆斯基提出一致性原则(Uniformity Principle)。语言本身绝对不是参数变异所处的位置,语言或语法之间的参数变异归结于相关语言词库中相应词汇项目的特征和属性(Chomsky,1995:160)。在没有确凿相反证据的情况下,假设语言是一致的,变异仅仅局限于话语的可识别特征(Chomsky,2001a:2)。文献中通常将功能参数化假设(Functional Parameterization Hypothesis)称为乔姆斯基-博雷尔猜想(Chomsky-Borer Conjecture)。只有词库里的[+F]才允许参数变异。功能语类的参数化假设为跨语言的差异解释提供了全新的视角,学者们从不同的语言、不同的结构探讨功能语类的特征及其差异。

最简方案中最主要的功能语类有 C、T、v、D 等。特征分为可诠释特征和不可诠释特征、强特征和弱特征。例如,Adger(2003:307)通过特征分析,对相关语言的功能语类的特征进行了如下的归纳:

（23）

	Tense [Aux]	Tense [v]	EPP [T]	Decl [T]	Top [C]	Wh [C]
英语	强	弱	强	弱	强/弱	强
法语	强	强	强	弱	?	强/弱
瑞典语	弱	弱	强	强	强	强
盖尔语	强	强	弱	弱	弱	强
德语	强	强	强	强	强	强
日语	强	强	弱	弱	弱	弱

简而言之,强特征和弱特征分别导致显性移位和隐性移位。以英语和法语的动词移位为例。法语中,动词通常需要从 VP 的中心语位置移到 TP 的中心语位置;英语中的动词在显性句法中则不需要移到 TP 的中心语位置。可以从副词和动词的相对位置看出英语与法语的使用差异。英语中动词处于否定之后而法语中动词处于否定之前,法语中动词出现的位置在英语中由助动词 do 来填补。我们可以从功能语类的特征差异对此进行分析。法语中的时态中心语具有强[+V]特征,强特征必须在显性句法中进行特征核查,否则句法运算就会崩溃。法语动词的显性移位正好核查 T 的动词特征。英语中的时态中心语具有弱[+V]特征,该特征可以在逻辑式中进行核查,而不会导致运算系统的崩溃。

（24）a. Jean n'aime pas Marie.

b. *John likes not Mary.

c. John does not like Mary.

d. *John ne pas aime Marie.

除了功能语类本身的特征差异,Fukui 认为功能语类的有无也可以导致语言的差异。对于功能语类来说,只有那些在逻辑式中没有语义诠释的语类可以在一门语言中缺失。通过系统对比英语和日语的结构,他认为日语中缺乏功能语类 C、Agr、D 等,并通过功能语类对英、日语的系统差别进行了分析。Bošković（2008）研究了名词短语[①],发现许多句法现象都可以归结为 DN/NP 参数,无法通过语音式的空 D 进

---

①Bošković 发表了一系列论文,阐述 DP/NP 参数。他将相关名词短语称为 TNP（Traditional Noun Phrase）。

行解释。

此外,功能语类的合并位置差异也是导致语言差异的一个不可忽视的因素。根据屈折语素分裂假设,传统的 IP 分解为 TP 和 AgrP,但还需要确定它们的先后支配顺序。Pollock(1989)认为 TP 支配 AgrP;Belletti(1990)通过对意大利语的动词形态研究,发现 AgrP 支配 TP①。Ouhalla(1991)提出了 Agr/T 参数,该参数与语类选择有关。SVO 语言中,Agr 选择 TP,主语处于动词的外面;VSO 语言中,T 选择 AgrP,主语处于动词的内部。

Pylkkänen(2002,2008)对自然语言的非核心论元进行研究之后,认为该类论元由功能语类 Appl 引导。她将自然语言的 Appl 结构分为两种,高位和低位 ApplP 结构。高位 Appl 投射高于动词投射,低位 Appl 投射低于动词投射。

最后,功能语类的选择特征也是跨语言差异的重要因素。Pylkkänen(2002,2008)分析了自然语言的致使结构,认为从跨语言的角度来看,致使结构都涉及功能语类中心语 V_{cause},其目的是引入致使事件。但 V_{cause} 的选择性特征造成致使结构的跨语言差异。具体来说,V_{cause} 可以分别选择词根(Root)、动词和语段。选择不同的语类会有不同的句法行为。如下表所示:

(25)

	词根	动词	语段
受使事件的 VP 修饰	×	√	√
root 与 cause 间动词形态	×	√	√
受使事件的施事指向修饰	×	×	√
root 与 cause 间高位施用形态	×	×	√

归纳起来,通过功能语类研究语言之间的差异主要集中在如下几个方面:

(26) a. 功能语类的形式特征;

　　b. 功能语类的显性与隐性;

　　c. 功能语类的有与无;

　　d. 功能语类的合并位置;

---

①Belletti 根据屈折动词的词缀,发现意大利语中的动词的顺序是:T-Agr。根据 Baker(1985)的镜像原则(Mirror Principle),在句法中的顺序是 Agr-T。

e. 功能语类的补足语选择。

正是由于功能语类的差异，从表面来看，语言之间存在句法差别。

3.2 形式语义学

传统语义学认为，形式逻辑对自然语言的分析并不适用。但美国语言学家、逻辑学家蒙太古(Montague)改变了人们的认识。他认为自然语言和形式语言并没有本质的区别，自然语言同样也可以进行形式分析，并开创了模型论语义学(Model-theoretical Semantics)的研究先河。模型论语义学在过去几十年得到了迅速发展。形式语义学的主要工作就是刻画各种句子的真值条件(Winter, 2016)，因而又可称为真值条件语义学①(Truth-conditional Semantics)。

3.2.1 真值条件与语义类型

在生成语法②框架中进行句子结构形式语义分析的是 Heim 和 Kratzer (1998)。简单说来，句子的意义等同于其真值条件(Truth Conditions)，即在什么条件之下句子为真，什么条件之下句子为假。通常表达如下：

（27）S 为真，当且仅当 P。

这里的 S 代表句子，P 代表其真值条件。这里我们需要区分对象语言(Object Language)和元语言(Meta-language)。对象语言是我们描述的语言，元语言是用来刻画句子真值语义条件的语言。对象语言和元语言可能相同，也可能不同。例如：（28）a 中对象语言和元语言都是英语；（28）b 中都是汉语；（28）c 中对象语言是英语，元语言是汉语；（28）d 中对象语言是汉语，元语言是英语。

（28）a. "Snow is white" is true if and only if snow is white.

b. "雪是白的"为真，当且仅当雪是白的。

c. "Snow is white"为真，当且仅当雪是白的。

---

①有的著作中还称为模型论语义学、可能世界语义学。
②乔姆斯基本人对生成语义学的态度在不同的时期发生了转变。早期，他十分排斥形式语义学的研究，但最近在加州大学(Chomsky, 2019)做的学术报告中，他认为，形式语义学和生成音系学一样，也是生成语法的组成部分。

d. "雪是白的"is true if and only if snow is white.

形式语义学研究者在讨论词、短语或句子的指称(Denotation)时,通常用[[.]]来表示。对任何词汇项目α来说,[[α]]就是α的指称。可以将[[.]]视为诠释函数(Interpretation Function),该函数给语言表达式赋予合适的指称[①]或语义值(Semantic Values)。例如,名词的指称是个体(Individuals),句子的指称是真值0或1,不及物动词的指称是从个体到真值的特征函数。表示如下:

(29)a. [[乔姆斯基]]=乔姆斯基

b. [[乔姆斯基是美国语言学家]]=1 当且仅当:乔姆斯基是美国语言学家。

c. [[休息]]=f: D→{0, 1},对于所有的个体x∈D,f(x)=1,当且仅当x休息。

有时直接用λ–抽象对动词进行表达,标准的形式如下:

[λα : φ . γ]

其中α表示论元变量(Argument Variable),φ 是定义域条件(Domain Condition),γ是值描述(Value Description)。

[[休息]]也可以改写如下:

(30)[[休息]]= [λx: x∈D. x休息]

还可以进一步简化为:

(31)a. [[休息]]= [λx∈D. x休息]

b. [[休息]]= [λx. x休息]

[[喜欢]]可以采用下面的表达方式:

(32)a. [[喜欢]]= [λx: x∈D.[λy: y∈D. y喜欢x]]

b. [[喜欢]]=[λx∈D.[λy∈D. y喜欢x]]

c. [[喜欢]]=[λx.[λy. y喜欢x]]

在蒙太古的语义类型中,存在两个最基本的类型,即e和t。其他的复杂语义类型可以用下面的递归定义推导而来。

语义类型:

(33)a. e和t是基本语义类型;

b.如果a和b是语义类型,那么<a, b>也是语义类型;

[①]本研究涉及的短语指称是其外延(Extension),因此该语义系统也称为外延语义学(Extensional Semantics)。

    c.任何其他的形式都不是语义类型。

从类型角度来看,部分语法类别的语义类型如下所示。

（34）

语法类别	语义类型	范例
专有名词、代词	e	Beijing, they
句子	t	Ann smokes.
普通名词	<e, t>	dog, bed
不及物动词、形容词	<e, t>	laugh, tall
限定词	<<e, t>,e>	the
单及物动词	<e, <e, t>>	praise, enjoy
双及物动词	<e, <e, <e, t>>>	lend, send
量词	<<e, t>, <<e, t>, t>>	every, some

不同的语义类型具有不同的语义指称。若D是真实世界中存在个体的集合:a. D_e =D,所有个体的集合;b. D_t = {0, 1},真值的集合;c.如果a和b是语义类型,那么 $D_{<a, b>}$ 是从 D_a 到 D_b 函数的集合。

3.2.2　逻辑式与组合性原则

    自然语言的句子数量是无限的,但是我们可以通过有限的句法规则生成无限的句子。同理,说话者或听话者也能够理解数量众多的句子的语义。因此,我们需要有限的语义规则对句子的语义进行解读。生成语法认为,句子意义的解读在逻辑式进行。形式语义学有一个重要的原则就是组合性原则[①]（Principle of Compositionality）。

    组合性原则

    复杂短语的意义取决于其构成部分的意义及它们的句法组合方式。

    只有当组合的两个成分语义类型能够匹配时,生成的句式才能进行合适的语义诠释。为了实现语义的组合性原则,Heim and Kratzer（1998)提出了如下几条规则:

    ①终端节点（Terminal Nodes）:如果α是终端节点,[[a]]在词库中得到标注。

    ②非分支节点（Non-branching Nodes, NN）:如果α是非分支节点,β是其女儿节

[①]组合性原则是由语言哲学家弗雷格（Gottlob Frege）首次提出来的,因此也称为弗雷格原则（Frege's Principle）。

点,那么对于任何赋值g而言,[[α]]^g=[[β]]^g。

③函数应用(Functional Application, FA):如果α是分支节点,{β,γ}是其女儿节点,那么对于任何赋值g而言,若[[β]]^{g}是定义域包含[[γ]]^{g}的函数,则[[α]]^g=[[β]]^g([[γ]]^g)。

④谓词修饰(Predicate Modification, PM):如果α是分支节点,{β,γ}是其女儿节点,那么对于任何赋值g而言,若[[β]]^{g}和[[γ]]^{g}都是类型为<e, t>的函数,则[[α]]^g=λx∈D. [[β]]^g(x)=[[γ]]^g(x)=1。

⑤谓词抽象(Predicate Abstraction, PA):如果α是分支节点,{λi,γ}是其女儿节点,那么对于任何赋值g而言,[[α]]^g=λx. [[γ]]$^{g[x/i]}$。

⑥语迹和代词规则(Traces and Pronoun Rule):如果a是语迹或代词,g是变量赋值,且i∈DOM(g),那么[[a$_i$]]^g = g(i)。

有了上述规则,就可以对所有的句子进行形式语义的分析。先看一个简单的及物动词句子。

(35)张三喜欢上海。

假设在词库中标注的词汇项目如下:

(36) a. [[张三]]=张三

　　 b. [[上海]]=上海

　　 c. [[喜欢]]=[λx.[λy. y 喜欢 x]]

该句的生成可以通过两次函数运用:动词首先通过函数运用和直接宾语组合,然后动词短语再通过函数运用同主语组合。

(37) [[张三喜欢上海]]

　　 =[[喜欢]] ([[上海]])([[张三]])

　　 =[λx.[λy. y 喜欢 x]] ([[上海]])([[张三]])

　　 =[λx.[λy. y 喜欢 x]] (上海)(张三)

　　 =[λy. y 喜欢上海](张三)

　　 =张三喜欢上海

也就是说,"张三喜欢上海"为真,当且仅当张三喜欢上海。

可用树形图表示如下:

（38）

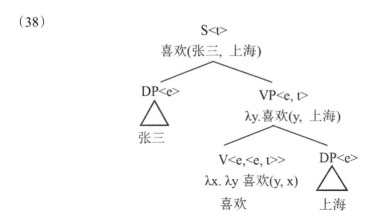

再通过 clever boy 演示谓词修饰的组合方式。clever[1]和 boy 的语义类型都是 <e, t>，符合谓词修饰[2]的组合方式，它们在词库中的标注是：

（39）a.[[clever]]= [λx . x is Clever]

　　　b. [[boy]]= [λx . x is Boy]

根据谓词修饰的定义：

（40）[[clever boy]]

　　　=λx.[[clever]]（x）=1 and [[boy]]（x）=1

　　　=λx. [λx. x is Clever]（x）=1 and [λx. x is Boy]（x）=1

　　　=λx. [x is Clever and x is Boy]

（41）

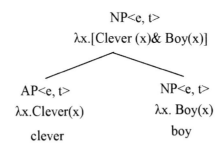

---

①这里的规则只适用于交集性形容词（Intersective Adjective），如 famous、Chinese、clever 等，不适用于非交集性形容词（Non-intersective Adjective），如 alleged、false、fake 等。
②这里假定形容词的语义类型是不变的，也有的研究采取灵活的语义类型，将形容词的类型修改为<<e,t>, <e,t>>，这样就可以不用借助于谓词修饰而直接使用函数运用。

代词是个变量,在不同的情境中具有不同的指称,形式语义学通过变量赋值对此进行处理。变量赋值是从自然数到个体的偏函数(Partial Functions)。例如,变量赋值可以导致如下从自然数到个体的映射。

(42)

$$g = \begin{bmatrix} 1 & \longrightarrow & \text{Thomas} \\ 2 & \longrightarrow & \text{Nathan} \\ 3 & \longrightarrow & \text{Frank} \\ 4 & \longrightarrow & \text{Lucy} \end{bmatrix}$$

She$_4$ left的语义组合可以表示如下:

(43) $[[\text{She}_4\ \text{arrived}]]^g = [[\text{arrived}]]^g([[\text{she}_4]]^g)$

　　 $= [\lambda x.\ x\ \text{arrived}]\ ([[\text{she}_4]]^g)$

　　 $= [\lambda x.\ x\ \text{arrived}]\ (g(4))$

　　 $= [\lambda x.\ x\ \text{arrived}](\text{Lucy})$

　　 $= 1$ iff Lucy arrived

当句子进行成分移位留下语迹时,就要使用到语迹规则和谓词抽象。量词提升能够较好地说明问题。量词的语义类型是<<e, t>, <<e, t>, t>>,部分量词(Heim, 1998:146)的指称如下[①]:

(44)a. $[[\text{every}]] = [\lambda f_{<e,t>}.[\lambda g_{<e,t>}.$ 对于任何 $x \in D_e$,如果 $f(x)=1$,那么 $g(x)=1]]$

　　b. $[[\text{some}]] = [\lambda f_{<e,t>}.[\lambda g_{<e,t>}.$ 存在 $x \in D_e$,$f(x)=1$,且 $g(x)=1]]$

　　c. $[[\text{no}]] = [\lambda f_{<e,t>}.[\lambda g_{<e,t>}.$ 不存在 $x \in D_e$,$f(x)=1$,且 $g(x)=1]]$

当处于宾语时,会出现类型不匹配(Type Mismatch)。例如:

---

①有时也用集合的形式表示:$[[\text{every}]] = [\lambda f_{<e,t>}.[\lambda g_{<e,t>}.\ f \subseteq g]]$; $[[\text{some}]] = [\lambda f_{<e,t>}.[\lambda g_{<e,t>}.\ f \cap g \neq \varnothing]]$; $[[\text{no}]] = [\lambda f_{<e,t>}.[\lambda g_{<e,t>}.\ |\ f \cap g\ | = 0]]$。

（45）a. Tom likes every student.

b.

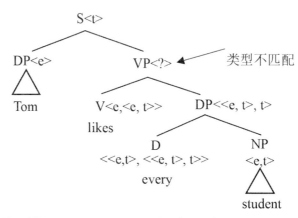

如果通过量词提升①（Quantifier Raising）的手段，将量词短语提升到句首，通过语迹规则和谓词抽象，就能进行正确的语义诠释。

（46）

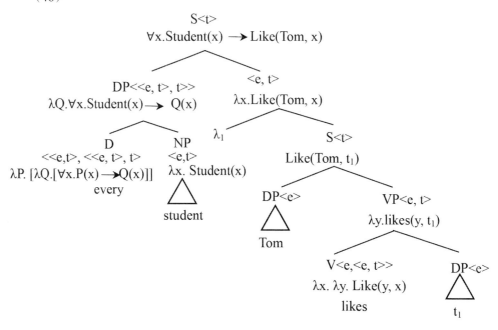

---

①量词提升是生成语法关于量词解释的主流观点，形式语义研究中也有学者（Hendriks，1993）主张量词的原位诠释（In-situ Interpretation），但需要改变动词的类型，将其提升为<<<e,t>,t>,<e,t>>才能和做宾语的量词短语进行语义组合。

需要指出的是,生成语法中移位的动因很多,并不都是为了解决类型不匹配的问题。被动句中的主语在底层结构中处于宾语的位置;根据动词内主语假设,动词从[Spec,VP]移到[Spec,TP]处。名词短语处于原位,也能够通过函数应用进行语义推导。根据最简方案的解释,这些名词短语移位的目的是进行特征核查。但如果移到句首时,则同样需要使用到语迹规则和谓词抽象[①]。

3.2.3 事件语义学

近年来形式逻辑语义学衍生出的各种理论中,事件语义学具有广泛的影响,有学者将其和量词理论并列作为当今逻辑语义学的热点话题。事件语义学首先由哲学家戴维森提出,继而 Parsons、Higginbotham、Rothstein 和 Lasersohn 等语言学家对其进行逐步修正,形成了新戴维森事件语义学。Kratzer 的分析介于两者之间,有时称为半戴维森事件语义学。事件语义学最早是纯粹的形式语义框架,但后来有很多学者将事件语义学与形式句法学相结合,开辟了句法–语义界面研究的新思路。典型的研究有 Pylkkänen(2002,2008)、Bowers(2010)、Bosse(2015)等。

1.戴维森语义学

事件语义学早在1967年就由语言哲学家戴维森(Donald Davidson)提出,其关键之处是在行动句的逻辑表达式中增加一个事件论元e(Event Argument),并将其作为谓语动词的必带论元。这样动词的论元数量就在原来的基础上增加了一个,即事件论元。戴维森是从逻辑语义的角度进行考虑的,提出之初,在语言学界似乎并没有得到足够的重视。

在前戴维森时代,及物动词在逻辑式[②]中表达的是主语和宾语之间的关系。比如,下面的句子仅涉及个体Jones和个体the toast。

(47) Jones buttered the toast.

butter(Jones,the toast)

戴维森认为,需要在原有动词的论元结构基础上再额外增加一个事件论元,才能对行动句[③](Action Sentences)进行合理的分析。

[①]有的著作中为了分析的简便,直接忽略语迹的语义诠释,这样就无须语迹规则和谓词抽象。

[②]这里的逻辑式类似于但不等同于生成语法中的逻辑式,生成语法的逻辑式是一个句法表征层面。

[③]戴维森(1967)的分析只涉及行动句,并不涵盖其他类型的动词,如过程动词或状态动词。现在学者倾向于使用Eventuality(事体)这个术语包含所有的动词类型。

（48）Jones buttered the toast.

∃e [butter（Jones, the toast, e）]

其意义是：存在一个涂黄油的事件，其中Jones是施事，the toast是受事。有了隐性的事件论元e，就可以对状语修饰和蕴含等现象进行较好的分析。

（49）a. Jones buttered the toast at midnight with the knife.

b. Jones buttered the toast at midnight.

c. Jones buttered the toast with the knife.

d. Jones buttered the toast.

其中的蕴含关系可以用下图表示：

（50）

Jones buttered the toast at midnight with the knife.

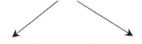

Jones buttered the toast at midnight.   Jones buttered the toast with the knife.

Jones buttered the toast.

戴维森认为，状语成分含有事件论元，在逻辑式中状语通过并列的方式联系在一起。从并列缩减（Conjunction reduction）就可以清楚地看出相关的蕴含关系。逻辑式可以表示如下：

（51）a. ∃e [butter（Jones, the toast, e）& at（e, midnight）& instrument（e, the knife）]

b. ∃e [butter（Jones, the toast, e）& at（e, midnight）]

c. ∃e [butter（Jones, the toast, e）& instrument（e, the knife）]

d. ∃e [butter（Jones, the toast, e）]

2.新戴维森语义学

戴维森事件语义学提出之后，学者们对其进行了深入研究，提出了新戴维森事件语义学（Parsons, 1990, 2000）。新戴维森主义认为，所有的动词都有一个隐含的事件论元[1]。例如，Higginbotham（1985：10）就明确提到E-位置（E-position）。

---

① 是否所有的谓词都有事件论元，仍然存在一些争议。例如，Kratzer（1995）认为只有阶段谓词（Stag-level Predicate）才有额外的事件论元，而个体谓词（Individual-level Predicate）则没有。

E-位置等同于事件的隐性论元位置,最早由戴维森提出。似乎有充分证据表明:除了变化或行为动词,戴维森关于动词的设想可以拓展到其他动词的分析。拓展之后,状态词同样存在E-位置(Higginbotham,1985:10)。

另一个显著变化就是将谓词分析为只带有一个事件论元的一元谓词,并将题元结构直接引入事件结构的分析之中。

(52) a. Jones buttered the toast in the bathroom with the knife at midnight.

b. ∃e [butter (e) &Agent (e, Jones) & Patient (e, the toast) & in (e, the bathroom) & Instrument (e, the knife) & at (e, midnight)]

新戴维森语义学能够对更多的语言现象进行分析。例如,Parsons(1990)对各种英语句式的事件结构进行了详尽的分析。它不但能处理戴维森语义学中的蕴含关系,也能揭示主/被动句中蕴含的逻辑关系。例如:

(53) a. Jones buttered the toast.

b. The toast was buttered.

如果使用戴维森语义学的分析,就不容易看出a和b的蕴含关系。

(54) a. ∃e [butter(Jones, the toast, e)]

b. ∃x∃e [butter(x, the toast, e)]

但是,如果使用新戴维森语义学,就可以清楚地看出其中的蕴含关系。

(55) a. ∃e [butter(e) & Agent(Jones, e) & Theme (the toast, e)]

b. ∃e [butter(e) & Theme(the toast, e)]

3.半戴维森语义学

根据Marantz的研究①,宾语的语义角色是动词赋予的,而主语的语义角色是整个谓词赋予的。动词的域内论元会引起动词词义的变化,但是域外论元却不会使动词的意义发生任何改变。Krater(1996)据此认为,域内论元是动词的论元,而域外论元不是动词的论元成分。域外论元通过功能语类Voice②引入。

---

①具体例子分析见文献回顾这一章。

②这里的功能语类Voice引入域外论元,相当于Chomsky(1995)提出的轻动词 *v* 和Bowers(1993)提出的Pred.

（56）

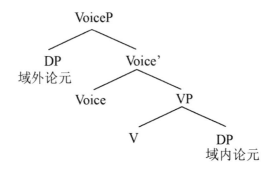

如果没有域外论元,动词只有域内论元和事件论元①。动词 buy 在词库中的标注②如下:

（57）[[buy]]= λxλe[buy(x)(e)]

域外论元由 Voice 引介,其词库标注为:

（58）[[Agent]] =λx. λe. Agent(e)(x)

可以看出 buy 的语义类型为<e,<s,t>>,与类型为 e 的域内论元进行组合,生成的动词类型为<s,t>。现有的语义组合方式不能解释 VP 和 Voice 的语义组合关系③。Kratzer(1996)提出了事件识别(Event Identification)原则。

（59）事件识别

$$f \qquad g \longrightarrow h$$
$$<e,<s,t>> \quad <s,t> \qquad <e,<s,t>>$$
$$\lambda x_e \lambda e_s f(x)(e) \& \, g(e)$$

例如,Mittie fed the dog 的句法结构表示如下:

---

①这里的事件论元变量用 e 表示,不能与个体的语义类型 e 混淆。Kratzer 和 Bruening 分别用 s 和 v 表示事件论元的语义类型。

②Kratzer 原文中用*表示,因此[[buy]]和 buy*表达的意思一样。这里用前者是为了研究的统一性。

③这里假设 VOICE 的语义类型为<e, <s,t>>, Bosse 和 Bruening 认为其类型为<<v, t>,<e, <v, t>>>,通过函数运用同 VP 组合。

（60）

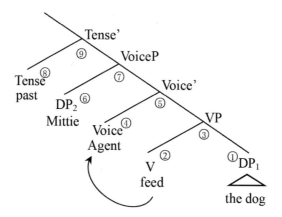

语义推导过程具体如下：

（61）

①[[DP₁]]=[[the dog]]= the dog

②[[V]]=[[feed]]= λxλe[feed(x)(e)]

③[[VP]]=[[feed the dog]]=[[feed]]([[the dog]])

　　　=λxλe[feed(x)(e)](the dog)

　　　=λe[feed(the dog)(e)]

④[[Voice]]=[[Agent]]= λxλe[Agent(x)(e)]

⑤[[Voice']] = [[(Agent(feed the dog))]]

　　　= λxλe[Agent(x)(e) & feed(the dog)(e)]

⑥[[DP₂]]= [[Mittie]]=Mittie

⑦[[VoiceP]]=[[((Agent(feed the dog)) Mittie)]]

　　　=[[(Agent(feed the dog))]]([[Mittie]])

　　　=λxλe[Agent(x)(e) & feed(the dog)(e)](Mittie)

　　　=λe[Agent(Mittie)(e) & feed(the dog)(e)]

⑧ [[Tense]]=[[past]]= λP∃e[P(e) & past(e)]

⑨ [[Tense']]=[[(past((Agent(feed the dog)) Mittie))]]

　　　=[[past]]([[((Agent(feed the dog)) Mittie)]])

65

$$=\lambda P\exists e[P(e)\ \&\ past(e)](\ \lambda e[Agent(Mittie)(e)\ \&\ feed(the\ dog)(e)])$$

$$=\exists e[Agent(Mittie)(e)\ \&\ feed(the\ dog)(e)\ \&\ past(e)]$$

Kratzer 认为对静态动词的分析方法是一样的,例如:

(62) Mittie owns the dog.

这里的动词是静态的,因而域外论元不是施事者(Agent)。句子表示在"拥有狗(Holding the dog)"这个状态中,Mittie 是持有者(Holder)。Kratzer 认为需要增加引出域外论元的中心语 Holder。

(63) a. [[Holder]]= $\lambda x_e\lambda s_s$ [holder (x) (s)]

　　　b. [[own the dog]]= λs_s [own (the dog)(s)]

可以看出,在不同的框架中动词的指称表达不同,以 stab 为例:

(64)

语义框架	动词指称	范例:Brutus stabbed Caesar
蒙太古语义学	$\lambda y\lambda x[stab(x,\ y)]$	stab (b, c)
戴维森语义学	$\lambda y\lambda x\lambda e[stab(e,\ x,\ y)]$	$\exists e[stab(e,\ b,\ c)]$
新戴维森语义学	$\lambda e[stab(e)]$	$\exists e[stab(e)\ \&\ Agent(e,b)\ \&\ Theme(e,\ c)]$
半戴维森语义学	$\lambda y\lambda e[stab(e,\ y)]$	$\exists e[stab(e,\ c)\ \&\ Agent(e,b)]$

经典形式语义学没有将事件纳入句子的语义分析。后三种语义学的共同之处在于它们都将事件论元作为句子的必要论元。三者的区别在于:戴维森语义学在传统论元结构的基础上,再加上一个事件论元,动词的配价就从数量 n 变为数量 $n+1$;新戴维森语义学认为句子只有事件论元,动词的配价从数量 n 变为 1;半戴维森语义学认为除了事件论元之外,宾语也是动词的必要论元。

3.3　小结

本章是理论框架部分,限于篇幅,我们没有也不可能对相关观点进行全面、系统介绍,仅仅选取了一些学术界基本达成一致的思想,重点对最简方案、形式语义学和事件语义学的基本观点与基本操作手段进行了介绍,为后面几章的英汉非核心论元的句法-语义分析提供理论基础和理论框架。我们认为,句法分析和语义推导只有紧密结合起来,才能对语言的本质有更加深入的认识。乔姆斯基多次指出,最简方案只是一套研究纲领,不是一个成熟的理论。形式语义学特别是事件语义学发展势头也十分强劲,许多问题仍在热议之中。这些都是科学研究中的常态,也是形式语言学的研究魅力所在。

第四章

非常规宾语

汉语中动词和宾语的搭配相对比较灵活,语义类型也错综复杂,这在学界是一个不争的事实。除了典型的受事成分,宾语位置还可以由其他类型的成分充当,例如工具、目的、方式、原因等。近年来动宾结构的非常规搭配关系成了语言学研究的一个热点话题。学者们从句法结构、句式结构的意义、语用、认知等角度讨论了相关句式。这些研究不但挖掘了更多的语言现象,而且提出了具有一定解释力的分析方案。但是学界对这类句式的生成问题一直存在争论,且远未达成共识。本章拟在生成语法框架下探讨非常规宾语的生成和推导方式,并从事件语义学的角度对其语义进行比较精确的形式化描述。

4.1　非常规宾语

不言而喻,非常规宾语和常规宾语相对。邢福义(1996)认为,常规宾语是指动词和宾语建立的关系被人们共同接受。例如一提到"喝",人们就会自然而然地联想到液体或流体。例如,我们可以说"喝牛奶",但不能说"喝巧克力"。又如,"吃苹果"是常规搭配,"苹果"代表一个同吃一起出现的成分。这种常规联系在汉语中不仅与人们日常生活紧密相关,而且与动词的语义也有密切的关系,常规宾语中动词的语义能够与宾语的语义相对应,这种用法在所有的语言中具有共性。但是"吃食堂"中的"食堂"就不能按照这种关系进行理解,从语义上来看,"食堂"表示吃饭的地点,是动词的非常规宾语。储泽祥(2000)认为,名词和动词的搭配,有常规和非常规之分,常规是指通常的、稳定的、全民共识的、可预见的、可激活的;非常规则相反。范晓(2006)也区分了典型宾语和非典型宾语,两者基本相当于常规宾语和非常规宾语。

现代汉语存在大量的非核心论元句,许多学者对动宾之间的语义关系进行了归纳。非核心论元可以表示工具、材料、方式、处所、时间、原因、目的、结果等各种关系,它们的存在对生成语法的题元理论造成很大的挑战。从及物性的角度来看,非核心论元的动词可以分为两小类。第一类是传统的及物动词的宾语位置被非常规宾语占据,例如:吃大碗、写铅笔、打后卫等。第二类是传统的不及物动词后面可以接非常规宾语,如:睡地板、飞上海、住北京、跑长步、站军姿、哭长城、休礼拜天等。此外,汉语的部分形容词用于比较句时可以接名词短语,如:高我一头。

这类额外论元也称为非核心论元(Non-core Argument)或非选择性论元(Non-selected Argument)。从论元结构来看,非常规宾语并不是句子的必要论元,它们并不是由动词的次范畴化规则决定的。它们违反了相关动词的语义选择性限制(Selectional Restriction),从表面上来看动词和宾语之间的语义并不兼容,无法获得正确的语义诠释。这样语言理论和语言事实之间就产生了张力。一方面,相关理论(如投射原则和题元准则)会预测此类语言现象不合语法;另一方面,此类现象在汉语中的确大量存在。根据普遍语法的基本理念,不管语言表面存在多大差异,都应该受到共同的原则支配。因而,我们不能根据汉语的表面语法现象就轻易否定普遍语法在汉语中的适用性,而应当在不违反普遍语法原则的前提下寻求合理的解释。

4.2　研究进展

非核心论元结构通常被认为是汉语的一大特色句型,学者们从各个角度对非核心论元展开了研究,这里我们不能对所有的研究进行综述,仅介绍传统语法、认知语法和生成语法研究的核心观点。

4.2.1　传统语法研究

众所周知,现代汉语语法研究的源头是马建忠1898年出版的《马氏文通》,该著作引进了西方的语法概念,结合汉语语料,创立了我国最早的完整汉语语法体系,是汉语语法研究的一座里程碑。当时由于受到西方语法学的影响,现代汉语研究主要关注典型的主语和宾语,即施事主语和受事宾语。丁声树(1961)《现代汉语语法讲话》的发表改变了人们对宾语的认识,他认为同一个动词可以带各种关系不同的宾语,宾语就并不局限于受事。后来许多学者的研究也引证了这一观点。赵元任(1979)在《汉语语法口语》对宾语进行了详细的考察和分类,将相关现象概括为"倒装主语"。他认为,动宾结构的语法意义,最常见的是动作和对象,还可以表示"致使""工具"等。吕叔湘(1979)在《汉语语法分析问题》中提到名词和动词的关系多种多样,并不局限于施事和受事。朱德熙(1982)在《语法讲义》中将动宾关系的语义细分为六种,施事、受事、结果、工具、时间和终点。这些研究基本上是对相关现象进行描写,使得人们认识到动宾关系的复杂性和多样性,但缺憾是很多研究没有从理论的角度对相关现象进行解释。

郭继懋(1999)考察动宾关系时,指出动词和名词之间含有一个语义成分"谓",其作用在于说明动名之间的事理关系,在句法层面有一个没有表现出来的语义成分"谓",可以是介词、方位词或者连词,等等。邢福义(1991)将此类现象归纳为"宾语代入",即代体宾语(非常规宾语)占据了常规宾语的位置,宾语既和常规宾语代表的事物有联系,也和动词表示的动作相关,但不与动作构成直接的受事关系。同时,他从句法、语义以及信息安排等角度对宾语代入现象出现的原因和条件进行了论述。

4.2.2　认知语法研究

近年来,随着认知语言学在国内的兴起,学者们也尝试从认知的角度对非常规宾语结构提出分析,主要借助了概念整合、范畴化理论、概念转喻、图形–背景理论等认知语言学的核心概念。

在认知语言学框架下对非常规宾语做出开创性研究的是徐盛桓(2003)。他以"语句中所涉及的事物之间的关系是常规关系"为切入点,提出了"句式结构常规关系分析理论模型",并以非常规宾语为例,解释如何利用常规关系来研究句式结构。王占华(2000)和任鹰(2000)从认知语言学的概念转喻的角度,研究了"吃食堂"中宾语的性质问题。"食堂"代表"食堂里的饭",二者处于"容器–内容"的认知框架中,具有概念上的相近性,构成隐喻关系。谢晓明(2004)从图形–背景视角出发,对宾语带入现象做了认知解释。他认为,后景与背景的不同凸显程度、说话者的认知详细程度以及图形、背景和后景的主观选择差异,是宾语代入现象的认知原因。刘正光、刘润清(2003)认为,不及物动词带宾语是非范畴化弱化了及物与不及物之间的区别,但没有说明究竟是什么原因促成了动词不及物向及物性的转化。黄洁(2009)研究了动宾非常规搭配的认知机制以及“吃+NP”结构语义网络建构的主观性。熊学亮(2009)从构式、语用推导的角度研究了“吃”在“吃+NP”结构中的功能承载量以及“吃”表达式的认知固化过程。魏在江(2013)研究了相关句式,认为动词本身的预设意义和处所宾语的语义高度关联,处所名词宾语的受事预设意义与角色突显度转换。语用预设是此类句法结构得以产生的语言认知机制。

认知语言学独特、新颖的研究视角使我们对非常规宾语有了深入的认识,但目前的研究句式相对单一,缺乏在统一的认知框架下对多种类型的非常规宾语的解释。

4.2.3　生成语法研究

生成语法主要关注非典型宾语的句法位置和句子的生成方式。从目前的研究文献来看,基本上是从功能语类的角度来研究汉语的非核心论元。在具体分析时,有学者使用轻动词投射(Feng,2000;Lin,2001;邓思颖,2008;等等);还有的学者使用施用词组投射(孙天琦、李亚非,2010;程杰和温宾利,2008;等等)。

较早在生成语法框架下对汉语相关句式进行探讨的是冯胜利。冯胜利(2000)认为“写毛笔”、“洗凉水”、“吃大碗”一类句型在现代汉语里经常出现。虽然邢福义指出了它们产生的条件,但仍然需要研究句法是如何运作导致出现这种结构的。他假设,此类句式是由一个相当于“拿”的空动词和一个由特殊语境决定的空代词宾语所构成。空动词相当于最简方案的轻动词,缺乏语音外壳。轻动词选择动词短语作为其补足语。根据中心语移位假设,动词的中心语在韵律的促发下,移到上层的空动词处。

朱行帆(2005)、张宏丽(2015)、程杰(2009)等从句法方面对不及物动词接额外论元的结构进行了分析。朱行帆(2005)、张宏丽(2015)用轻动词理论分析了不及物动词带宾语的句法生成方式。他们认为,存在一个表示“经历”等语义的轻动词,选择一个名词短语做主语,选择一个含不及物动词的动词短语做补足语,动词短语结构中的动词移位合并后生成了不及物动词带宾语的结构；程杰（2009）则认为，不及物动词后面的名词短语是通过一个虚介词引出来的，由于汉语的音韵规则 NSR，虚介词可以虚化，所以汉语不及物动词加名词短语可以表示为 $[_{vp}[_{v'} V[_{PP}[_{P'} P DP]]]]$。

刘晓林（2004）则从形式语言学的逻辑式、句法层、赋格论等角度分析不及物动词带宾语的现象，认为它是语言追求经济、名词赋格的共同作用下形成的。不及物动词在语义深层都凝固了动作对象受动元，在句法表层为了表意的完整和语气的需求，就把工具格、时间格、处所格、方式格等提升为宾语。

程杰和温宾利（2008）等则从句法角度将不及物动词接额外论元和单及物动词接额外论元结合起来讨论，这两类动词接的额外论元统称为非核心论元（即非选择性论元），但他们仅从句法角度分析了非核心论元的生成方式，认为这两类非核心论元在句法结构中是由高位 Appl 引介出来的。

Cheng & Sybesma（2015）通过 ApplP 投射分析了心理动词结构，以"担心小孩儿"和"对小孩儿担心"为代表。他们认为非核心论元"小孩儿"出现在施用结构 ApplP 的指示语处。中心语 Appl 可以是显性的"对"；也可以是隐性的。如果 Appl 是显性的，"对"通过中心语移位的方式移到 PredP 的中心语 Pred 处，生成"对小孩儿担心"；如果 Appl 是隐性的，那么句子的主动词就会通过连续循环移位的方式，最终移到 Pred 处，生成"担心小孩儿"。

蔡维天（2017）从内外轻动词的角度探讨了一系列非核心论元的生成方式。他认为，内轻动词"对"引介的是非核心论元"小孩儿"，外轻动词 Be 引导的是历事者。内外轻动词分别相当于 Cheng & Sybesma 的 Appl 和 Pred。蔡维天认为及物化是一种假象，其本质是动词移到轻动词所致。在移位过程中，动词跨越了非核心论元。

综上所述，我们可以发现学者们从句法、语义、认知等多个角度分别对不及物动词接额外论元和及物动词接额外论元进行了分析，为进一步研究相关句式奠定了基础。但同时我们也发现，目前的分析要么侧重句法推导，要么侧重语义分析。而且对相关句式的研究仍然停留在个案研究阶段，没有将动词的各种非核心论元进行统一分析。理想状况就是在句法结构分析的同时也能提供一个精确的形式语义分析。我们将结合形式句法学和事件语义学的相关观点，对现代汉语非核心论元的句法结构和形式语义提供合理的解释。

4.3　句法结构和语义推导

从词汇语义（Lexical Semantics）的角度来看，汉语的"住"和英语的"live"应该没有本质的差异，但它们的句法结构却有明显的不同。汉语的"住"后面可以接地点宾语，如住宾馆、住上海等；英语的 live 是不及物动词，不能接宾语，如 live * (in) the hotel, live *(in) Shanghai。必须对英汉语言的这种差异进行解释。最简方案认为，自然语言的运算系统不允许任何变异，变异只局限于话语的可识别特征。语言中的词汇分为两种，即实词语类和功能语类。实词语类不具有变异特征，所有的语言呈现的特征是一致的，语言间的差异就只能归结为功能语类。通过功能语类探讨语言间的差异是目前最简方案的主流思想。虽然英语不允许不及物动词后面直接加宾语，但不及物动词后直接接宾语也不是汉语独有的特征。从跨语言的角度来看，许多语言存在施用结构，实质上就是将句子的斜格宾语提升为句子的宾语，同时动词具有显性施用标记。根据实际使用情况，宾语可以表示地点或工具等各种语义关系。为什么汉语和其他语言存在非核心论元做宾语而英语却不允许呢？

Pylkkänen（2002）将功能语类 Appl 引入非核心论元的研究。她认为，非核心论元是通过 ApplP 引入的，此类结构称为施用结构，Appl 在一些语言中是显性的，在其他语言中是隐性的。从跨语言的视角来看，施用结构可以分为两种，即高位 Appl 结构和低位 Appl 结构。句法上，高位 Appl 结构投射高于动词投射，低位 Appl 结构投射低于动词投射；语义上，高位 Appl 结构表明事件与个体之间的关系，即表达新增的额外论元与 VP 所表达的事件之间的联系；低位 Appl 结构表明个体之间的位置转移关系，与动词没有直接的关系。功能语类合并位置的差异正好可以解释英汉非核心论元使用的差异。汉语的非核心论元具有各种可能的语义角色，如方式、工具和来源等，这正是高位 Appl 所具有的语义特征。英语缺乏此类高位 Appl 结构，非核心论元无法得到允准，自然也就不能生成相应的句式。简单来说，汉语的非核心论元都是在[Spec, ApplP]处得到允准的。由于高位 Appl 表达的语义关系多种多样，汉语的非核心论元与动词的关系也就呈现多样化。

4.3.1 不及物动词接非常规宾语

非常规宾语表达的意义多种多样，例如地点、时间和工具等。

（1）a. 住北京

     b. 休礼拜天

     c. 吃大碗

这些短语在英语中很难找到对等的结构。例如，下面的表达都是不合语法的：

（2）a. *live Beijing

     b. *rest Sunday

     c. *eat big bowls

通常，可以用介词短语对汉语的非常规宾语结构进行改写，例如：

（3）a. 在北京住

     b. 在礼拜天休息

     c. 用大碗吃

在探讨"住北京"的结构之前，我们先分析一下"在北京住"的句法结构和语义组合方式。从语言直觉来看，下面的句子表达的意义是相同的。

（4）a. 他住在北京。

     b. 他在北京住。

但是，不能据此就简单认为它们之间是通过句法移位转化而来的。"他住在北京。"中，"在"并不是和"北京"构成介词短语"在北京"，而是和"住"的关系更加紧密。"在"和"北京"中可以插入体标记词"了"，构成"他住在了北京"。"他在北京住"遵循常规的句法语义组合关系。不及物动词"住"没有引入宾语，介词"在"引出了表示地点的短语"北京"。"在北京"作为状语成分修饰动词"住"。作为不及物动词，"住"只携带一个论元成分，即位于主语处的"他"。句中两个名词性成分需要获得相应的格："北京"从介词获得宾格，"他"从时态 T 中获得主格。除了外部合并之外，该句还涉及两次内部合并，即移位。Voice 具有强词缀特征，动词"住"需要上移与之嫁接。T 具有的 EPP 特征使得"他"从[Spec，VoiceP]处移到[Spec，TP]处核查该特征。出于线性化的需求，语链形成的较低拷贝在语音式中通常需要删除。该句的树形结构如下图所示：

（5）

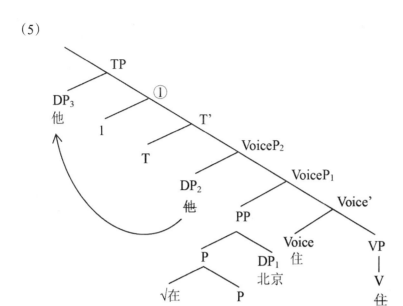

此树形图用事件语义推导如下：

$[[VP]] = \lambda e_s[Live(e)]$

$[[Voice]] = \lambda x_e \lambda e_s[Agent(x)(e)]$

$[[Voice']] = \lambda x_e \lambda e_s[Agent(x)(e) \& Live(e)]$

$[[PP]] = \lambda e_s[In\ (Beijing)\ (e)]$

$[[VoiceP_1]] = \lambda x_e \lambda e_s[Agent(x)(e) \& In\ (Beijing)(e) \& Live(e)]$

$[[DP_2]] = he$

$[[VoiceP_2]] = \lambda e_s[Agent(he)(e) \& In\ (Bejing)\ (e) \& Live(e)]$

$[[T]] = \lambda P_{<s,t>} \exists e_s[P(e) \& Present(e)]$

$[[T']] = \lambda P_{<s,t>} \exists e_s[P(e) \& Present(e)]\ (\lambda e_s[Agent\ (he)\ (e)\ \&\ In\ (Beijing)\ (e)\ \&\ Live\ (e)])$

$[[①]] = \lambda x_e\ P_{<s,t>} \exists e_s [P(e) \& Present(e)]\ (\lambda e_s[Agent(x)\ (e)\ \&\ In\ (Beijing)\ (e)\ \&\ Live\ (e)])$

$[[DP_3]] = he$

$[[TP]] = \exists e_s[Agent\ (he)\ (e)\ \&\ In\ (Beijing)\ (e)\ \&\ Live(e)\ \&\ Present\ (e)]$

这里我们借鉴了 Wood 和 Marantz(2017)的相关观点,他们对介词P和高位 Appl 进行了统一的句法和语义分析,认为P和 Appl 是与词根嫁接的 $i*$ 的具体名称。也就是说,$i*$ 的具体名称取决于它所出现的句法环境。与词根嫁接的 $i*$ 选择名词短语时核查了 $i*$ 的选择特征[S:D], $i*$ 的范畴特征自动标记为P;与词根嫁接的 $i*$ 与动词短语合并时,其范畴特征标记为 Appl,合并在[Spec, ApplP]处的名词短语核查其选择特征[S:D]。不同的词根具有不同的语义,如√On 的语义不同于√In。有的词根没有具体的外在语音形式,只是抽象的语义特征,如√Location 和√Instrument 等。可以将该分析拓展到汉语相关结构中:词根√在与 $i*$ 嫁接之后与名词短语合并时,$i*$ 就是介词P;词根√Location 与 $i*$ 嫁接之后与动词短语合并时,$i*$ 就是高位施用中心语 Appl。最简方案认为,词根具有弱特征,不能成为句法标签,因此合并之后的句法标签是P或 Appl。为了更加直观地呈现具体结构,这里我们直接使用句法标签P或 Appl。树形图(5)中,词根√在与 $i*$ 嫁接之后选择名词短语"北京"作为其补足语,$i*$ 就是介词P。

（6）他住北京。

在例(6)中,"北京"没有显性介词引导,这与英语的情况显然不同。从表层结构来看,地点名词短语"北京"直接位于动词"住"的后面,似乎是动词的直接宾语,但其实不符合动词的论元结构。"住"类似于英语的"live",是一元谓词,只能携带一个论元成分。根据上述分析,可行的解决方案就是假定"北京"并不是动词的直接宾语,而是通过功能语类引介的。我们可以假设"北京"是由功能中心语 $i*$ 引介出来的,语义上表示地点的词根√Location 与 $i*$ 嫁接之后与动词"住"合并,此时我们可以确定功能中心语 $i*$ 的范畴特征是 Appl。功能投射 ApplP 位于 VoiceP 和 VP 之间,高位 Appl 还需要继续往上投射并与 DP 合并。需要注意的是,词根√Location 在结构中是隐性的(Covert),还可以有其具体的语音实现形式,即"在"。根据中心语移位限制,动词"住"进行移位时,不能越过 Appl 直接移到 Voice 处,而是通过连续循环移位的方式,首先移到 Appl 处与之嫁接,然后 V+Appl 作为整体移到 Voice 处。树形图如(7)所示:

（7）

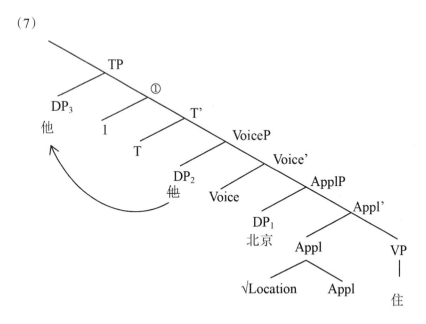

（7）的树形图用事件语义推导如下：

$[[VP]] = \lambda e_s[Live(e)]$

$[[Appl]] = \lambda x_e\lambda e_s[Appl(x)(e)]$

$[[Appl']] = \lambda x_e\lambda e_s[Appl(x)(e)\ \&\ Live(e)]$

$[[DP_1]] = Beijing$

$[[ApplP]] = \lambda e_s[Live(e)\ \&\ Appl(Beijing)(e)]$

$[[Agent]] = \lambda x_e\lambda e_s[Agent(x)(e)]$

$[[Voice']] = \lambda x_e\lambda e_s[Agent(x)(e)\ \&\ Live(e)\ \&\ Appl(Beijing)(e)]$

$[[DP_2]] = he$

$[[VoiceP]] = \lambda e_s[Agent(he)(e)\ \&\ Live(e)\ \&\ Appl(Beijing)(e)]$

$[[T]] = \lambda P_{<s,t>}\ \exists e_s[P(e)\ \&\ Present(e)]$

$[[T']] = \lambda P_{<s,t>}\ \exists e_s[P(e)\ \&\ Present(e)]\ (\lambda e_s[Agent(he)(e)\ \&\ Live(e)\ \&\ Appl(Beijing)(e)]$

$[[①]] = \lambda x_e\ P_{<s,t>}\ \exists e_s\ [P(e)\ \&\ Present(e)]\ (\lambda e_s[Agent(x)(e)\ \&\ Live(e)\ \&\ Appl(Beijing)(e)]$

[[DP₃]] = he

[[TP]] = ∃eₛ[Agent (he) (e) & Live(e) & Appl (Beijing) (e) & Present (e)]

比较上述两句的生成方式，我们发现差别在于 P 和 Appl 与其他成分组合的顺序不同，但是最终生成的语义表达方式相同，因而它们具有相同的意义。组合方式如下：

（8）a. [[VoiceP]]= λeₛ[Agent(he)(e) & In（Bejing）(e) & Live(e)]

b. [[VoiceP]] = λeₛ[Agent(he)(e) & Appl（Bejing）(e) & Live(e)]

确定了例(4)b 和例(6)的句法结构之后，我们用事件语义学的方法成功推导出了这两类句型的事件语义逻辑式，这也证明了事件语义学可以很好地应用于汉语句式的语义逻辑分析，特别是不及物动词带"宾语"这一特殊结构。"他在北京住"和英语"He lives in Beijing"一样，地点名词通过介词引入句法结构中；而"他住北京"同样合乎语法规则，从它的句法结构和语义逻辑式可以看出，"北京"合并在功能语类 ApplP 的指示语处，因而不是动词的域内论元。这就在不违反普遍语法规则的基础上成功地解释了汉语中不及物动词带"宾语"这一特殊现象。因此，按照这种分析方法，我们还可以解释不及物动词带"宾语"结构中表方式、工具、原因、来源等句子类型。

4.3.2   单及物动词接非常规宾语

除了不及物动词，现代汉语及物动词后面也可以接非核心论元，造成了表面上的句法-语义错配现象(Syntax-semantics Mismatch)。例如，"写铅笔""打后卫""吃食堂"等都是单及物动词接非常规宾语的典型结构。周长银和张玉欢(2018)通过对此类非核心论元的事件相关电位(Event Related Potentials)进行了研究，发现与典型的受事宾语结构相比，非核心论元结构呈现双侧脑区分布 N400 效应，这与论元数目违反句呈现的 N400 效应相似。同时非核心论元句呈现一种持续脑前部正波(Sustained Frontal Positivity)，此波罕见于动词-论元关系加工研究。这从神经认知的角度证明非核心论元结构比受事宾语结构复杂。下面以"我用铅笔写字"和"我写铅笔"为例，对其进行句法语义分析。

（9）a. 我用铅笔写字。

b.

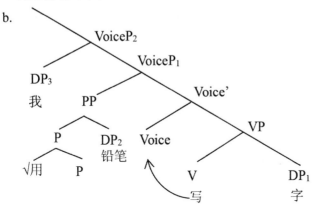

例（9）的树形图用事件语义推导如下：

$[[VP]] = \lambda e_s[Write\ (e)]$

$[[Voice]] = \lambda x_e \lambda e_s[Agent\ (x)\ (e)]$

$[[Voice']] = \lambda x_e \lambda e_s[Agent\ (x)\ (e)\ \&\ Write\ (e)]$

$[[PP]] = \lambda e_s[With\ (pencil)\ (e)]$

$[[VoiceP_1]] = \lambda x_e \lambda e_s[Agent\ (x)\ (e)\ \&\ With\ (pencil)\ (e)\ \&\ Write(e)]$

$[[DP_3]] = I$

$[[VoiceP_2]] = \lambda e_s[Agent\ (I)\ (e)\ \&\ With\ (pencil)\ (e)\ \&\ Write(e)]$

（10）a. 我写铅笔。

b.

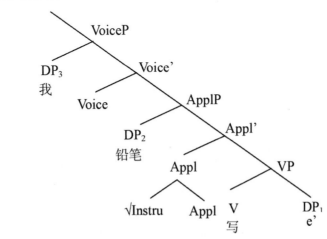

例(10)的树形图用事件语义推导如下：

$[[VP]] = \lambda e_s[Write\ (e') \ (e)\ ]$

$[[Appl]] = \lambda x_e \lambda e_s[Appl\ (x)\ (e)]$

$[[Appl']] = \lambda x_e \lambda e_s[Appl\ (x)\ (e)\ \&\ Write(e')\ (e)]$

$[[DP_2]] = pencil$

$[[ApplP]] = \lambda e_s[Write\ (e')\ (e)\ \&\ Appl\ (pencil)\ (e)]$

$[[Agent]] = \lambda x_e \lambda e_s[Agent\ (x)\ (e)]$

$[[Voice']] = \lambda x_e \lambda e_s[Agent\ (x)\ (e)\ \&\ Write\ (e')\ (e)\ \&\ Appl\ (pencil)\ (e)]$

$[[DP_3]] = I$

$[[VoiceP]] = \lambda e_s[Agent\ (I)\ (e)\ \&\ Write\ (e')\ (e)\ \&\ Appl\ (pencil)\ (e)]$

我们参考冯胜利(2000)对"写毛笔"的分析,他把"毛笔"看作代体宾语,并不能占据常规宾语的位置,他把常规宾语"字"记为[e],在这里,为了和事件e区分开来,我们记为[e'],可以理解为没有语音的空代词。因此在"我写铅笔"一句中,常规宾语是"字",记为[e'],没有语音形式,但是非常规宾语"铅笔"同"他住北京"中的"北京"一样,都是由高位Appl引出来的。

从上述分析过程可以看出,它们的句法结构和语义推导过程非常类似。用事件语义逻辑式推导,可以看出"我写铅笔"等单及物动词带非常规宾语的语义逻辑。"我用铅笔写字"的语义推导过程直接明了。"我写铅笔"中的"铅笔"显然不是动词的直接宾语,该名词作为事件的参与者不是直接与动词进行合并而是合并在[Spec, ApplP]处。由此,我们可以进一步推断,汉语中的此类非核心论元句中都含有功能投射ApplP,根据具体的使用环境,Appl具有不同的语义。

蔡维天(2017)指出,现代汉语有一个很有趣的演化倾向,就是许多原本不及物动词都产生了及物的用法:本来在动词前由介词引导的论元可以放到动词后的典型宾语位置。这种现象在口语中越来越常见。下列例句均来自蔡维天的论文。

(11) a. 我对这件事很在意。我很在意这件事。

b. 我对这个人很关心。我很关心这个人。

c. 我们在北京相见。我们相见北京。

d. 他为这件事很高兴。他很高兴这件事。

e. 他还想要跟对方索赔。他还想要索赔对方。

我们基本认同蔡维天关于非核心论元的分析,在具体功能语类的选择上,倾向于使用ApplP。但句子中含有介词时,我们并不赞同将其分析为功能语类中心语的语音实现,而是将它们分析为真正的介词。介词短语可以单独作为一个成分移到句首或作为对问句的回答。

（12）a. 对这件事我很在意。

　　　b. 我们在哪里相见?——在北京。

如果将其分析为Appl的中心语,移位之后不能与后面的名词构成整体,上述现象就无法得到合理解释。

4.3.3　其他句式的非核心论元

从汉语的语料来看,我们发现比较句中形容词后可以直接跟名词性成分。当然,这类句式的使用受到一定条件的限制。比如,使用的形容词基本是单音节词,句中通常还需要有量度或其他成分。例如:

（13）a. 他高我一头。

　　　b. *他高我。

　　　c. *他聪明我很多。

如果句中含有"比"字时,则无上述限制。

（14）a. 他比我高一头。

　　　b. 他比我高。

　　　c. 他比我聪明。

我们认为,"他高我一头"中的"我"也是非核心论元,基础生成于[Spec, ApplP]处。表度量的"一头"基础生成于[Spec, μP]。

（15）

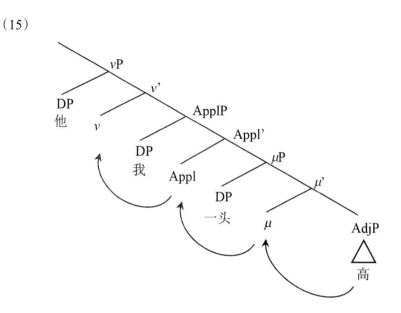

汉语中"什么"用在句中除了疑问用法之外，有时会产生"抱怨"或"禁止"的言语行为①。这里的"什么"不是动词的核心论元，而是通过功能语类 Appl 引介的非核心论元。树形图如（17）所示。此类句子通过"为什么"来改写之后，句子意思基本保持不变。功能语类 Appl 与词根√For 合并后再分别与 VP 和 DP 合并。动词移位之后线性化时，较低的拷贝通常会删除，但有时两个拷贝都得以保留，导致同一个动词出现两次。

（16）a. 你哭什么！

b. 你为什么哭！

c. 你哭什么哭！

①当动词是及物动词时，此类句子会有两种不同的语义诠释，即疑问用法和抱怨用法。在一定的语境下，听话者通常能够分辨出说话者的意图。疑问用法的"什么"是动词的直接宾语，这里我们仅探讨非核心论元的情况。

（17）

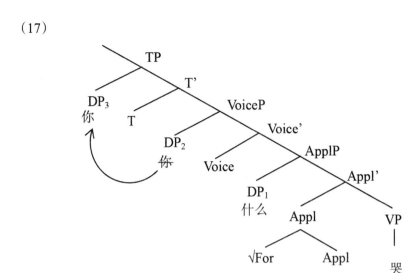

需要指出的是，Appl投射能够对许多汉语的非核心论元提供合理解释，但这并不意味着所有的非核心论元都能通过Appl来解释。例如：

（18）a. 他跑了<u>一身汗</u>。

     b. 他吃了<u>一身汗</u>。

     c. 他把球踢了<u>一个洞</u>。

很明显，这里的"一身汗"不是动词"跑"和"吃"的选择性论元，"一个洞"也不能作为"踢"的对象。文献中通常将此类结构称为动补结构。对于这种形义错配句，通常有两种解决方案：第一种是句法上动词和名词合并，逻辑式中"一身汗"通过语义压制（Semantic Coercion）的方式获得语义诠释；第二种方法是假设在句法结构中存在隐性的动词，该动词和"一身汗"合并之后再与主动词合并。

4.3.4 跨语言比较

从上述分析可以发现，只要使用高位Appl投射和中心语移位就可以对现代汉语众多的非核心论元提供统一的解释。Appl投射在分析非核心论元时已经得到了广泛的运用，将其拓展应用到汉语相关结构是理所当然的。此外，中心语移位在生成语法中也得到了广泛的使用，具有很强的解释力。Appl中心语的意义多样化，有工具、地点等，可以在其他语言的施用结构中找到对等用法。例如，齐查加语（Kichaga)和图康伯西语(Tukang Besi)语言中具有丰富的施用结构,施用论元在句中的关系可以通过显性施用形态标记辨认出来。

齐查加语（Bresnan and Moshi,1990：148-9）。

（19）a. 受益者施用宾语

n-a-i-lyi-i-a   m-ka   k-elya

foc-1s-pr-eat-app-fv 1-wife   7-food

"He is eating food for/on his wife."

b. 地点施用宾语

n-a-i-lyi-i-a   m-ri-nyi   k-elya

foc-1s-pr-eat-app-fv 3-homestead-LOC 7-food

"He is eating food at the homestead."

c. 工具施用宾语

n-a-i-lyi-i-a   ma-woko   k-elya

foc-1s-pr-eat-app-fv 6-hand   7-food

"He is eating food with his hands."

d. 场景施用宾语

n-a-i-lyi-i-a   njaa   k-elya

foc-1s-pr-eat-app-fv 9-hunger   7-food

"He is eating because of hunger."

图康伯西语（Donohue,1999：225-6）。

（20）a. 受益者施用宾语

no-helo'a-ako te   ina-no

3r-cook-appl   core mother-3 poss

"They cooked for their mother."

b. 工具施用宾语

no-hugu-ako te   poda-no

3r-chop-appl core knife-3 poss

"They chopped with their knives."

　　c. 场景施用宾语

　　　no-mate-ako te　 buti

　　　3r-die-appl　core　fall

　　　"They died in a fall."

　　d. 目的施用宾语

　　　no-lemba-ako te　　karia'a

　　　3r-carry-appl　core　festival

　　　"They carried（something）for the festival."

　　因而,从跨语言的视角来看,汉语的非核心论元宾语并非汉语的独有现象。汉语和这些语言相关结构具有相同的句法生成方式,不同之处在于Appl通常没有外在语音形式,这是语言在外化(Externalization)过程中呈现的差异。

4.4　英语的非常规宾语

　　不难发现,英语中缺乏类似汉语的非核心论元结构。例如,下面的句子是不合语法的。

（21）a. *We will meet Beijing.

　　　b. *The Chinese wrote brushes.

　　　c. *He is taller me.

　　这是由于作为功能语类的Appl具有跨语言的参数差异,英语中缺乏表示工具、地点和方式等语义的功能语类Appl,相关短语自然就不能得到允准,生成的句子因而不合语法。英语相关的结构只能采用介词短语的方式来表达,而不能直接使用非核心论元。

（22）a. We will meet in Beijing.

　　　b. The Chinese wrote with brushes.

　　　c. He is taller than me.

　　但这并不是说英语的不及物动词都不能接宾语,有的不及物动词在一定的句法环境中可以接宾语,主要有如下几种情况:同源宾语结构、结果句和out前缀动词结构。

1.同源宾语结构（Cognate Object Construction）

这类宾语在词源上与动词有关联，动词是典型的不及物动词，宾语是动词的名词形式。例如：

（23）a. He slept a good sleep.

b. He smiled a sweet smile.

c. He dreamed a strange dream.

d. He danced a beautiful dance.

而且，这里的动词只能是非作格动词，而不能是非宾格动词。例如下面的句子是不合语法的。

（24）a. *They arrived an early arrival.

b. *They appeared a sudden appearance.

根据非宾格假设，非作格动词是真正的不及物动词，例如英语中的 laugh、sneeze、dance、calf 等，它们初始的词汇投射是名词短语，然后被动词管辖的名词短语的中心词通过中心语移位的方式移到动词处，如下所示：

（25）

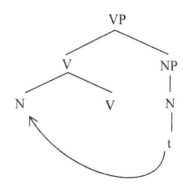

上述结构为同源宾语的生成提供了结构基础，由此可以认为同源名词处于名词短语的中心语位置，移到动词处与动词嫁接。在语音式中，较低的拷贝成分被删除时生成的结构就是不及物动词结构；当移位前后的两个成分在语音式中都得以保留时，生成的结构就是同源宾语结构。

2.结果句（Resultative Construction）

英语中非作格动词不能接结果补语，例如：

（26）a. *Those teenagers laughed sick.

　　　b. *The teacher talked blue in the face.

　　　c. *John danced tired.

但是如果上述句中含有反身代词时，句子则合法的。

（27）a. Those teenagers laughed themselves sick.

　　　b. The teacher talked himself blue in the face.

　　　c. John danced himself tired.

不及物动词的宾语有时可以是其他名词，例如：

（28）a. Amy walked her feet to pieces.

　　　b. The dog barked the baby awake.

　　　d. The joggers ran their Nikes threadbare.

　　结果句式有两个问题需要回答：不及物动词为什么能够携带宾语？宾语是如何被赋予格的？生成语法对此进行了探索。Kim 和 Maling（1997）认为主句的不及物动词经历了"动结式构成"，不及物动词变成了及物动词，从而具备了赋格的能力。这样，不及物动词构成的结果补语结构就和及物动词构成的补语小句与结果小句有机统一了起来。

（29）a. I consider him the best teacher.

　　　b. She hammered the metal flat.

　　　c. He wiped the table clean.

它们都是动词选择一个小句，如图所示：

（30）

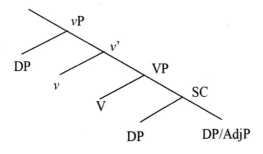

3.Out 前缀动词结构（Out-prefixed Verb Construction）

当代英语有许多动词本身是不及物的，不能携带宾语，但是前面加上前缀 out 之后，动词后就可以出现宾语，例如 outrun、outgrow、outlive 等。前缀具有及物化效应（Transitivizing Effect），给动词额外增加了比较的意义（Fraser，1976：29）。

（31）a. Many students can outrun <u>me</u>.

　　　b. She has outgrown <u>the shoes</u>.

　　　c. Jack outlived <u>his wife</u> by five years.

Ahn（2020）认为，域内论元通过功能语类引介，out 投射成最大短语 outP，使得整个结构获得比较语义。如图所示：

（32）

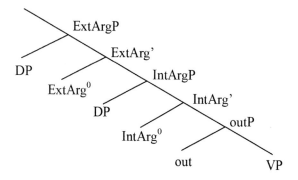

前缀 out 不仅可以放在动词前面，也可以放在名词或形容词的前面。例如：

（33）a. We outsmarted him.

　　　b. He out-Hitlered Hitler.

　　　c. She out-Einsteined Einstein.

考虑到 out 具有动词化属性（Verbalizing Property），Smith & Yu（2020）认为 out 是 v 的中心语，被 Voice 选择，域内论元处于 vP 的指示语处。

（34）

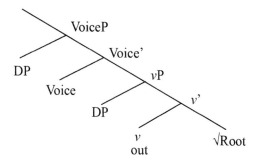

不管哪一种分析,从句法结构可以清楚地看出,宾语不是动词论元结构的组成部分,而是通过功能语类引介的。随着功能语类研究的深入发展,这类句式在形式句法研究中会受到越来越多的关注。

4.5　小结

事件语义学的产生和发展显示了生成语法中语义和句法研究的互动和逐步融合的趋势。作为一种新兴的句法-语义界面理论,事件结构研究呈现出广阔的发展前景(周长银,2010)。本章基于事件语义学,将句法和语义紧密结合,演示了现代汉语中不及物动词带非常规宾语和单及物动词带非常规宾语的生成方式和推导过程,为解释汉语中这两种特殊结构中非选择性论元的生成提供了新的思路。分析发现,所有的非核心论元都不是动词的真正宾语,动词的论元结构没有因为非核心论元的引入而发生变化。非核心论元是通过功能语类中心语 Appl 引入的,该 Appl 在句法中的合并位置居于 VP 之上。动词在移位的过程中首先与 Appl 嫁接,然后再与 Voice 嫁接,最终导致动词及物化的表象。英语缺乏汉语相应的功能投射,也就无法允准相应的非核心论元。非核心论元的推导在生成语法中一直是一个棘手的问题,以往的研究对这一话题通常避而不谈。但有了功能语类参数化思想,非核心论元的生成恰恰变成了研究的热点话题之一。通过功能语类 Appl 研究汉语的非核心论元并非我们的首创,但相对于先前研究,我们从事件语义学的角度,对相关结构进行了分析,做到了句法-语义分析的有机统一。

第五章
双宾结构

双宾结构(Double Object Construction)是自然语言中普遍存在的一种句式,其基本结构为:主语+动词+间接宾语+直接宾语。与单宾结构相比,其独特之处在于动词之后同时出现两个宾语。国内外众多学者从形式、功能和认知等角度对该类句式开展了广泛而深入的研究,基本认为双宾结构中存在某种领属关系的转移。例如,Kayne(1984)、Johnson(1991)、Pesetsky(1995)、Pylkkänen(2002,2008)、Harley(2003)、Beck 和 Johnson(2004)等对英语双宾结构领属关系进行了研究;李临定(1986)、李宇明(1996)、王奇(2005)、李敏(2006)、孙天琦和李亚非(2010)等从不同的角度对汉语双宾结构领属关系进行了研究。这些分析无疑深化了我们对双宾结构的认识,但学者们对双宾结构的句法推导过程仍然存在诸多争议,对英汉双宾结构差异的解释也存在分歧。本章我们从生成语法的角度梳理现有双宾结构的典型研究,重点指出 Pylkkänen 的低位 Appl 投射分析存在的一系列问题。然后我们将借助高位 Appl 投射,在最简方案的功能语类变异观的视角下,提出英汉双宾结构的句法结构,同时从事件语义学的角度对双宾结构进行形式语义分析。

5.1 研究进展

5.1.1 英语双宾结构

我们认为,双宾结构的动词分为两种。第一类动词本身就需要接两个宾语,该类动词是内在双及物(Inherently Ditransitive)的,去掉其中一个论元会导致句子不合语法。常见的动词有 give、send、grant 等。

（1）a. He gave her the letter.

　　b.*He gave her.

　　c.*He gave the letter.

　　d. He granted me the opportunity.

　　e. *He granted me.

　　f. *He granted the opportunity.

另一类动词本身是单及物动词,但是可以额外再接一个论元。该论元不是动词的必要论元,其出现与否对句子的合法性不会造成任何影响。常见的动词有pass、read、bake等。

（2）a. He passed Paul the ball.

　　b. He passed the ball.

　　c. Jean read him the books.

　　d. Jean read the books.

但不管使用哪一种类型,双宾结构中两个宾语之间的关系总是不变的,间接宾语总是直接宾语的目标(goal),表达的语义关系为"to the possession of"。从下面的例子可以看出,动词的使用对双宾语之间的关系没有任何影响。

（3）a. They say it would take them longer to steal me a car.

　　b. I came home to find that Greg had baked me a cake.

　　c. My parents bought me a telescope when I turned 12.

　　d. I am going to build me a summer resort.

　　e. Could you sing me a song?

　　f. But look, he wrote me a very nice letter.

　　g. You draw me that picture again.

　　h. We can boil you some water.

Marantz(1984)和Larson(1988)对英语双宾结构进行了开创性的研究,后来的研究大多以他们的研究为基础。Marantz(1984)认为,英语的双宾结构本质上属于施用结构。Appl语素投射ApplP,英语中心语Appl是个空成分,应用式论元合并在其指示语位置,成分统制动词的直接宾语。该成分统制不对称是双宾结构的显著属性,具有跨语言的普遍性(Barss and Lasnik,1986;Marantz,1984)。Larson(1988)

较早探讨了英语双宾结构的句法推导过程。他认为双宾结构是由与格结构推导而来。其本质是一种被动化的操作，间接宾语移到下层动词的指示语位置，以便获得相应的格；原本处于下层动词指示语的直接宾语则变成了 V' 的附加语；动词移动到上层动词的空中心语位置。

Harley（2003）在 Pesetsky（1995）的研究基础之上，提出了词汇分解假设，在句法学界产生了较大影响。Harley 以语义关系为基础，认为双宾结构中，间接宾语和直接宾语之间存在一种比较特殊的语义关系，即"拥有"关系，动作表示的结果就是间接宾语拥有直接宾语。双宾结构可以分解为"致使+拥有"（Cause+Have），结构如下所示：

（4）

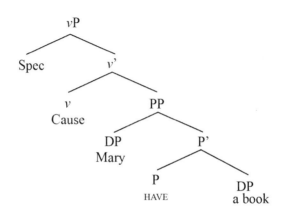

Pylkkänen（2002，2008）在 Marantz 的研究基础上提出了 ApplP 功能投射参数化的思想。她将自然语言中的 Appl 结构分为两类：高位施用结构（High Applicatives）和低位施用结构（Low Applicatives）。从句法上看，高位施用结构投射高于动词投射，低位施用结构投射低于动词投射。从语义上看，高位施用结构表明事件与个体之间的关系，该结构同域外论元的引介词相似，其作用仅仅是再增加一个事件参与者而已；低位施用结构表明两个个体之间的关系，也就是说，低位应用论元与动词没有任何直接语义关系，而是和直接宾语之间存在领属关系的转移。根据这种分类，英语的双宾结构是低位施用投射结构。

5.1.2 汉语双宾结构

相对于英语，汉语的双宾结构使用情况更加复杂。和英语一样，汉语有些动词在词库中就是双宾动词,其论元结构需要携带两个宾语,如"寄""送"类动词。

(5) a. 他寄了我两封信。

b. 他送了我一个茶杯。

这类双宾结构的语义和英语具有相似之处:存在一个事件动词,使得间接宾语得到直接宾语。

还有一类动词本身是单及物动词,可以再额外增加一个宾语,构成双宾结构。有的动词在英语中找不到对应结构,例如:

(6) a. 他吃了我两个苹果。

b.*He ate me two apples.

(7) a. 他喝了我三瓶啤酒。

b.*He drank me three beers.

(8) a. 他抓住我胳膊。

b.*He grabbed me the arm.

有的动词使用在汉语的双宾结构中和英语中的双宾结构表达不同的意思。例如:

(9) a. 他偷了我钱包。

b. He stole me a purse.

还有的结构在英语中是合乎语法的,但是相应的汉语结构则可接受度很低,例如:

(10) a. *你能唱我一首歌吗?

b. *他画了我一幅画。

生成语法框架下汉语双宾结构的研究借鉴了英语相关句式的分析,但同时由于英汉双宾结构存在差异,学者们也提出了参数化的分析思想。

较早在生成语法框架下探讨汉语双宾结构的是周长银(2000)。他借助 Larson(1988)提出的 VP-壳结构理论,认为汉语双宾结构与英语一样是由与格结构推导而来的。该分析的理论框架是管约论,其中许多分析思想和技术细节在最简方案中不再采用,如右向嫁接违反了线性对应公理(Kayne,1994)。而且,一些学者的研究以语义关系为基础,认为双宾结构和与格结构各自拥有不同的结构,不存在转换关系(Kayne,1984;Pesetsky,1995;Harley,2003)。

最简方案(Chomsky,1995)认为人类语言具有共同的运算系统(Computational System),且该系统不允许有任何变异。乔姆斯基(1995)吸纳了 Borer(1984)和 Fukui(1988)等学者的观点,认为语言的参数变异只与功能语类相关,而与词汇语类无关。因此,许多对汉语双宾结构的相关研究也体现了这一核心思想。

邓思颖(2003)在最简方案框架下较早地讨论了汉语的双宾结构推导,他认为,双宾结构比与格结构多了额外的功能投射FP,位于VP和vP之间。F在给予类双宾结构中表示"拥有";在取得类双宾语中表示"失去"。F在现代汉语中可以没有语音形态,也可以外在表现为"给"和"走"。在V到v的移位过程中,F是必经之路。

（11）

[张三 [$_{vP}$ 寄给/走[$_{FP}$ 我 [寄给/走[$_{VP}$ 一本书[寄-t]]]]]]

对汉语双宾结构研究最具代表性的就是何晓炜(2011)的研究,他在全面、系统对比英汉双宾结构之后,提出了"双宾结构参数化"的分析思想。他认为双宾结构中存在功能语类投射GP,G表达传递的意义,也是英汉双宾结构差异的根源所在。汉语中,G的取值可正(G+)可负(G–)。当取正值时,构成右向双宾结构;当取负值时,构成左向双宾结构。G还可以有具体的语音外在表现形式,如"给"和"走"。英语只存在取正值的空成分G+,因此英语中只存在右向双宾结构。

（12）

[张三[$_{vP}$ 借给[$_{GP}$ 李四 [借给[$_{VP}$[t 借一本书]]]]]]

通过功能语类Appl研究双宾结构是目前的研究趋势,但汉语的双宾结构究竟属于高位施用结构还是低位施用结构,目前仍在争议之中。程杰、温宾利(2008)认为汉语的双宾结构都可以分析为高位施用结构,其核心是一个表"经受"义的轻动词,"经受者"论元在[Spec, ApplP]处得到允准。孙天琦、李亚非(2010)认为以"我烧了他三间房"为代表的双宾结构中,非核心论元单独投射出一个论元位置,由汉语中偏爱来源性的低位施用操作引入。蔡维天(2016)指出,汉语的非典型双宾结构可以分析为中位施用结构,其核心是一个表示"蒙受"的功能范畴,允准非核心论元的合并。柳娜、石定栩(2018)对外宾结构进行了详细梳理,发现"吃、喝"类动词的"取得义"双宾结构与"给予类"双宾结构不同,不是外宾结构,而是施用结构。

这些分析将双宾结构的语义差异归结于句法结构的不同,符合生成语法"句法自治"的基本思路,同时也遵循了最简方案将语言的差异归结于功能语类的核心思想。参数化的分析思想能够解释众多的英汉双宾结构,其推导模式可以拓展到其他语言的双宾结构的研究,因此具有更强的解释力。但同时我们也发现分析中存在一些亟待解决的问题:

(1)题元角色的分配问题。邓思颖和何晓炜的分析中,两个名词短语分别处于动词的指示语和补足语处。根据题元角色分配的局部性原则(Locality Principle),间接宾语和直接宾语的题元角色由动词分配。对于典型的双及物动词来说,这种分析是合理的。但是对于单及物动词来说,则违反了题元准则,因为这些动词的题元栅(Theta Grid)中,动词只能与一个域内论元(Internal Argument)合并。何晓炜认为G'负责允准间接宾语"来源"或"目标"的题元角色,类似于V'给主语赋予题元角色的情况。这种类比具有一定的局限性,因为它们的初始合并位置不同,主语合并在[Spec, vP]处,而间接宾语合并在[Spec, VP]处。

(2)理论的解释力问题。仅将结构差异归结于功能语类的参数化容易导致过度生成。既然汉语中的F或G可以取正值,也可以取负值,那么在"他偷了我一本书"这句话中,为什么G不能取正值? 从词汇语义角度来看,汉语的"写"和英语的"write"应该没有本质的区别,但是相应的结构中G取值则具有差异性,"他写了我一封信"就会被误判断为是合乎语法的。对于制作类动词(如烤、沏和煎等),何晓炜认为英语的动词可以进入双宾结构,汉语的动词与G不兼容。这种解释难免具有一定的规定主义色彩。

5.2　双宾结构的句法推导

5.2.1　低位施用投射的问题

Pylkkänen的分析思想得到了广泛的运用,但学者们对低位Appl投射提出了质疑,认为不能对相关事实提供很好的分析。

1.句法证据

Pylkkänen（2002，2008）、Georgala 等（2008）和 Paul & Whitman（2010）的研究发现,状语性的成分 each 和 both 可以出现在间接宾语和直接宾语之间,例如：

（13）I gave/threw the boys each/both a towel.

（14）I gave/threw the towels each/both to a boy.

通常认为,状语嫁接在 VP 处,Pylkkänen 的分析中,间接宾语和直接宾语分别处于 Appl 的指示语和补足语处,而 ApplP 由 VP 直接支配,不能为状语提供嫁接位置。

2.语义证据

Bruening（2001）从辖域冻结效应角度否定了低位 Appl 分析。双宾结构和与格结构中的量词短语具有不同的辖域。

（15）a. Maria gave a baby every bottle.（*∀>∃，∃>∀）

　　　b. Maria gave a bottle to every baby.（∃>∀，∀>∃）

（16）a. Mary presented every student to a professor.（∀>∃，∃>∀）

　　　b. Mary presented a professor every student.（*∀>∃，∃>∀）

Bruening 认为,介词与格结构具有辖域歧义,直接宾语和间接宾语处于同一个投射之中,它们到 VoiceP 或 *v*P 的边缘是等距离的（Equi-distant）。

（17）

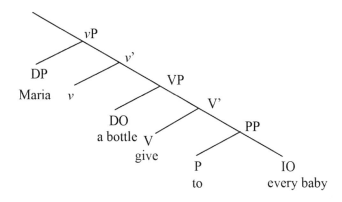

双宾结构中则没有辖域歧义,表明间接宾语和直接宾语并不是处于同一个投射之中。如果采用低位 Appl 投射,就会错误地预测到该类结构的歧义性。

（18）

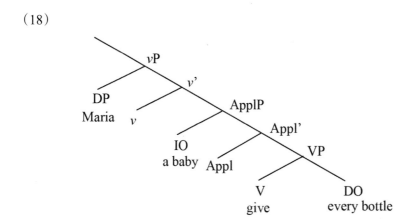

Pylkkänen认为,静态动词和低位ApplP投射不兼容,因为低位投射隐含两个名词短语之间的位置转移关系,静态动词则缺乏这种关系。然而,Cuervo(2003)通过对西班牙语的相关句式的研究,发现静态动词也可以出现在低位ApplP投射中。

Larson(2010)指出,低位Appl分析存在不可忽视的问题。Pylkkänen认为,低位施用论元与动词没有语义关系,而与直接宾语存在位置转移的关系。例如:

（19）John wrote Mary that letter.

∃e[Writing(e) & Agent(e, John) & Theme(e, that letter) & to-the-posses-sion-of(that letter, Mary)]

由此可以看出,这里的Mary没有通过事件与句子关联,而是通过to-the-posses-sion-of(x, y)与that letter联系,这是低位Appl与高位Appl的语义差异。Larson认为,这种处理办法不能很好地处理逻辑蕴含关系。

（20）a. John wrote that letter and Bill gave Mary that letter.

b. John wrote Mary that Letter.

根据新戴维森事件语义学的分析,Mary与Giving事件e'相关,与Writing事件e没有关系,因而无法从(20)a推断出(20)b。

（21）∃e[Writing(e) & Agent(e, John) & Theme(e, that letter) & ∃e'[Giving(e') & Agent(e', Bill) & Theme(e', that letter) & Goal (e', Mary)]]

∃e[Writing(e) & Agent(e, John) & Theme(e, that letter) & Goal (e, Mary)]

如果改用Pylkkänen的分析,可以表示如下:

（22）∃ e[Writing(e) & Agent(e，John) & Theme(e，that letter)] & ∃ e'[Giving(e') & Agent(e'，Bill) & Theme(e'，that letter) & to-the-possession-of(that letter，Mary)]

∃ e[Writing(e) & Agent(e，John) & Theme(e，that letter) & to-the-posses-sion-of(that letter，Mary)]

根据逻辑推理，从（20）a 可以推断出（20）b。推导步骤如下所示：

（23）∃ e[Writing(e) & Agent(e，John) & Theme(e，that letter)] & ∃ e'[Giving(e') & Agent(e'，Bill) & Theme(e'，that letter) & to-the-possession-of(that letter，Mary)]

∃ e[Writing(e) & Agent(e，John) & Theme(e，that letter)] & ∃ e'[Giving(e') & Agent(e'，Bill) & Theme(e'，that letter)] & to-the-possession-of(that letter，Mary)

∃ e[Writing(e) & Agent(e，John) & Theme(e，that letter)] & to-the-posses-sion-of(that letter，Mary) & ∃ e'[Giving(e') & Agent(e'，Bill) & Theme(e'，that letter)]

∃ e[Writing(e) & Agent(e，John) & Theme(e，that letter)] & to-the-posses-sion-of(that letter，Mary)

∃ e[Writing(e) & Agent(e，John) & Theme(e，that letter) & to-the-posses-sion-of(that letter，Mary)]

上述蕴含同样存在于其他的结构，例如：

（24）a. John baked the cake and Mark brought Alice the cake.

b. John baked Alice the cake.

鉴于此，Pylkkänen 的语义分析存在一定的缺陷，需要重新分析，然而 Larson 仅指出 Pylkkänen 分析存在的潜在问题，并没有给出改进方案。

3.形态证据

低位 Appl 投射缺乏形态证据。Georgala 等（2008）研究了含有显性施用语素的语言阿巴扎语（Abaze）。根据 Pylkkänen（2002，2008）的高位投射和低位投射的区分，高位投射和低位投射中，显性施用中心语分别以动词的后缀和前缀形式出现。但是，从跨语言的角度来看，后缀形式的施用语素十分常见，却很难找到前缀的例子。

鉴于上述问题，我们认为低位 Appl 投射不能用来分析英语的双宾结构。低位 ApplP 的分析方案对汉语也不适用。一般认为，汉语的分配量词（Distributive Quantifier）和频率副词（Adverb of Frequency）嫁接在 VP 处，它们可以处于双宾语之间，这就说明间接宾语和直接宾语不在一个最大投射之中。

(25) a. 他寄了我们<u>每个人</u>一本书。

　　b. 他寄了我们<u>三次</u>书。

　　c. 他寄了我们<u>每个人三次</u>书。

5.2.2　英语双宾结构的推导

1.常规双宾结构

在形式句法框架下借助事件语义学探讨英语双宾结构的是 Bruening（2010）和 Bosse（2015）。Bruening 探讨了内在双宾语的结构，Bosse 将 Bruening 的分析拓展到 Recipient Benefactive 结构中。Bruening 认为，Pylkkänen（2008）对 Appl 的语义进行了正确的描写，但对于 Appl 的句法结构分析是错误的。他认为 Appl 选择动词短语 VP 作为其补足语，名词短语位于 Appl 的指示语处。Appl 选择两个语义类型为<e>的成分，因而其语类选择和意义选择存在错配（mismatch）。

(26) [[Appl]]=λxλyλe.Have(e) & Theme(e,x) & Possessor(e,y)

根据半戴维森事件语义学，动词只有域内论元而无域外论元，它是从个体到事件集合的函数，例如 give 和 get 词根的语义表示如下：

(27) [[g-]]=λxλyλe.G(e) & Theme(e,x) & Recipient(e,y)

在非对称结构中，动词 give 与最低的名词短语 the ball 合并，构成动词短语，然后该动词短语再与 Appl 合并。此时 Appl 与 VP 不能进行语义组合，只有通过移位的手段解决类型错配的问题。动词通过循环移位的方式分别移到 Appl 和 Voice 处，同时在移位的过程中，动词经过轻动词投射 v，轻动词缺乏实质性的语义内容，其作用就是将构成的短语投射变成动词语类。Bruening 进一步假设，在中心语移位之后形成的语链中，中心语可以在移位的任何位置进行语义诠释。Appl 投射中，进行语义诠释的节点是 Appl 和两个名词短语，即 Maria 和 the ball 两个名词短语的语义类型正好是中心语 Appl 所需要的。

（28）

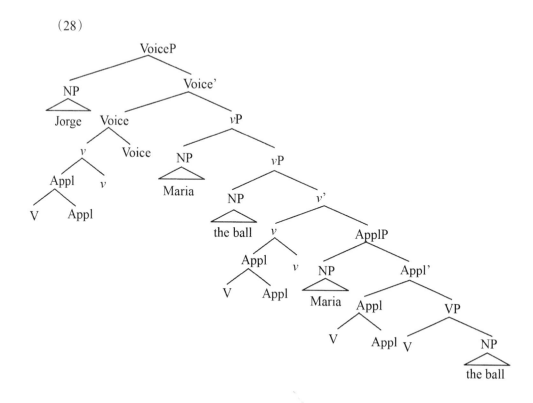

动词 give 还需要两个论元与其组合。Bruening 认为 ApplP 与 v 组合，它的两个论元移到 [Spec, vP] 处，再次进行语义组合。动词的语义类型是 <e, <e, <s, t>>>，ApplP 是从事件到真值的函数 <s, t>，它们之间可以通过 Beck 和 Johnson 提出的原则 R 进行组合。组合之后的语义类型和动词一样。

（29）原则 R（Principle R）

若 $\alpha=[_x[_v\gamma][SC\ \beta]]$，$\beta$' 的语义类型是 <s, t>，$\gamma$' 的语义类型是 <e,...<e <s, t>>>（n 元谓词），则

$\alpha'=\lambda x_1 ... \lambda x_n. \lambda e. \gamma'(x_1)...(x_n)(e) \& \exists e' [\beta'(e') \& CAUSE(e')(e)]$

如何确保两个名词短语同时是 Appl 和 V 的论元？Bruening 认为这是复杂谓词形成导致的结果，在复杂谓词形成过程中，论元既可以在其基础位置也可以在移位位置与动词合并，在两个位置都可以进行语义诠释。

[[ApplP]]=λe.Have(e) & Theme(e, the ball) & Possessor(e, Maria)

[[v']] =$\lambda x\lambda y\lambda e$.G(e) & Theme(e, x) & Recipient(e, y) & $\exists$ e' [Have(e') &

Theme(e', the ball) & Possessor(e', Maria) & CAUSE(e')(e)]

[[vP]] =λe.G(e) & Theme(e, the ball) & Recipient(e, Maria) & ∃e' [Have(e') & Theme(e', the ball) & Possessor(e', Maria) & CAUSE(e')(e)]

[[Voice]]= λxλe. Agent(e, x)

[[Voice']]= λxλe.G(e) & Theme(e, the ball) & Recipient(e, Maria) & Agent(e, x) & ∃e' [Have(e') & Theme(e', the ball) & Possessor(e', Maria) & CAUSE(e')(e)]

[[VoiceP]]= λe.G(e) & Theme(e, the ball) & Recipient(e, Maria) & Agent(e, Jorge) & ∃e' [Have(e') & Theme(e', the ball) & Possessor(e', Maria) & CAUSE (e')(e)]

　　至此，我们可以得到VoiceP的语义诠释：VoiceP是"给予"事件的集合，事件中的客体是the ball，接受者是Maria，施事是Jorge，该事件导致一个拥有的事体，事体中的客体是the ball，拥有者是Maria。

　　Bosse将该分析拓展到Recipient Benefactive句式中，以"Mary baked him a cake."为例。

（30）

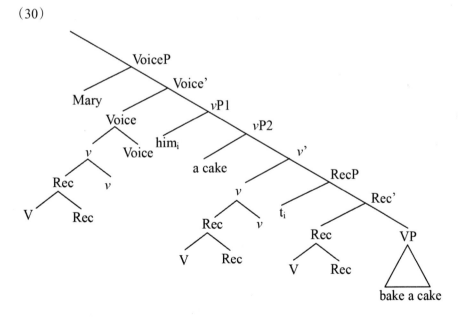

[[bake]] = λx. λe. Bake(e) & Theme(e)(x)

[[Rec]] = λx.λy.λe. Have(e) & Theme(e)(x) & Recipient(e)(y)

[[Rec']] = λy. λe. Have(e) & Theme(e)(a cake) & Recipient(e)(y)

[[RecP]] = λe. Have(e) & Theme(e)(a cake) & Recipient(e)(1)

[[v']] = λx. λe. Bake(e) & Theme(e)(x) & ∃ (e') [Have(e') & Theme(e')(a cake) & Recipient(e')(1) & CAUSE(e')(e)]

[[vP$_2$]] = λe. Bake(e) & Theme(e)(a cake) & ∃ (e') [Have(e') & Theme(e')(a cake) & Recipient(e')(1) & CAUSE(e')(e)]

[[vP$_1$]] = λe. Bake(e) & Theme(e)(a cake) & ∃ (e') [Have(e') & Theme(e')(a cake) & Recipient(e')(him) & CAUSE(e')(e)]

[[Voice]] = λx. λe. Agent(e)(x)

[[Voice']] = λx. λe. Bake(e) & Theme(e)(a cake) & Agent(e)(x) & ∃ (e') [Have(e') & Theme(e')(a cake) & Recipient(e')(him) & CAUSE(e')(e)]

[[VoiceP]] = λe. Bake(e) & Theme(e)(a cake) & Agent(e)(Mary) & ∃ (e') [Have(e') & Theme(e')(a cake) & Recipient(e')(him) & CAUSE(e')(e)]

不难发现 Bosse 的分析和 Bruening 的分析具有很多共同点，而不同之处在于：①题元角色名称使用具有细微差异。Bosse 的分析中，间接宾语在 RecP 中获得 Recipient 的题元角色；Bruening 的分析中，间接宾语在 ApplP 中获得 Possessor（领有者）的题元角色。②题元角色分配具有差异。Bosse 的分析中，间接宾语在动词短语 vP 处并不承担任何题元角色；Bruening 采取移位复制理论，认为间接宾语除了在其基础位置获得相应的题元角色之外，在 vP 处还获得 Recipient 的题元角色。

Bruening 和 Bosse 的双宾结构分析避免了低位 ApplP 分析带来的一系列问题，而且对双宾结构进行了精确的事件语义分析。将形式句法和形式语义紧密结合，这是研究的一大特色。但是他们的分析存在一些亟待解决的问题。①形式语义组合问题。根据形式语义学的语义组合原则，合并的两个成分之间类型必须相互匹配。在他们的分析中，动词首先和直接宾语进行合并。单及物动词的语义类型为 <e, <s, t>>，双及物动词的语义类型为 <e, <e, <s,t>>>。显然动词和名词的语义类型是相互匹配的，但在他们的分析中，虽然它们进行句法合并，但不进行语义组合，这种假设具有明显的规定性。②动词移位问题。他们假设，动词在其原位不必进行语义诠释，动词移位之后，剩下的投射是 ApplP 或 RecP，可以认为两个名词短语分别处于它们的指示语和补足语位置，进行相应的语义诠释。那么，既然动词在其基础位置不和名词短语进行语义组合,那么为何它们要实施句法合并? 此外,动词移位之后,剩下的投射和低位 ApplP 投射并没有本质的区别。③移位的动因问题。Bosse 的分析中,间接宾语在其基础位置获得了 Recipient 的题元角色,动词只需要一个论元即可。但是间接宾语仍然需要移到[Spec,vP]处,这里移位似乎只是为了生成正确的语序,缺乏其他方面的动因。

鉴于上述方面的问题,我们认为需要对双宾结构进行重新分析。我们的分析区分两类不同的动词,即内在单及物动词和内在双及物动词。Gelderen(2010:70)认为前一种动词中有的只能接一个直接宾语,有的可以额外增加一个间接宾语,而后一种动词中直接宾语和间接宾语都是必需的。例如:

(31)

强制性直接宾语	强制性的两个宾语	非强制性的间接宾语
see,eat,love,hit,hear	give,teach,offer,tell,show,ask, provide,send,promise,grant,award, begrudge,mail,throw	buy, bring, bake, read, pay, build, cook,knit,prepare,earn

单及物动词构成的双宾结构中,间接宾语直接基础生成于[Spec,ApplP]处,获得 Recipient Benefactive 的题元角色。例如"He baked me a cake."这个句子中 vP 的组合方式如下:动词 baked 和名词短语 a cake 合并,组合动词短语 baked a cake,然后动词短语 VP 和 Appl 合并,App 投射成 ApplP,间接宾语 me 合并在 ApplP 的指示语处。最后引导域外论元的 v 进入句法合并,投射成 vP。

(32) a. He baked me a cake.

b.

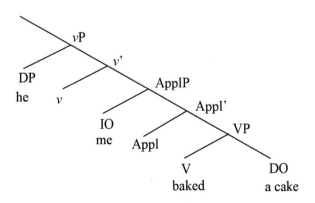

语义组合方式表示如下：

[[V]]= λx.λe. Bake(e) & Theme(e, x)

[[VP]] = λe. Bake(e) & Theme(e, a cake)

[[Appl]]= λx.λe.Appl$_{ben-rec}$(e, x)

[[Appl']]= λx. λe. Appl$_{ben-rec}$(e, x) & Bake(e) & Theme(e, a cake)

[[ApplP]]= λe. Appl$_{ben-rec}$(e, me) & Bake(e) & Theme(e, a cake)

[[v]] = λx.λe. Agent(e, x)

[[v']] = λx.λe. Agent(e, x) & Appl$_{ben-rec}$(e, me) & Bake(e) & Theme(e, a cake)

[[vP]] = λe. Agent(e, he) & Appl$_{ben-rec}$(e, me) & Bake(e) & Theme(e, a cake)

当然，并非所有的不及物动词都能用于此类双宾结构。例如：句子"He ate me an apple."虽可以通过句法合并的方式生成，但仍然是不合语法的。这是因为它们在概念–意向系统中无法得到恰当的语义诠释。例如不能通过"他的吃"而导致"我得到一个苹果"。

双及物动词构成的双宾结构中，由于动词本身需要携带两个域内论元，据此可以认为间接宾语和直接宾语分别合并在动词补足语和指示语处，获得 Recipient 和 Theme 的题元角色。同时，间接宾语还具有"领有者"的题元角色，该题元角色在 [Spec，ApplP] 处获得。最简方案中名词短语通过移位可以获得多重题元角色 (Hornstein, 1999)，基础生成于 [Spec，VP] 的"me"可以移到 [Spec，ApplP] 处，获得另外一个题元角色。"He gave me a book."这句话中，vP 的树形图和语义组合方式如下所示：

（33）

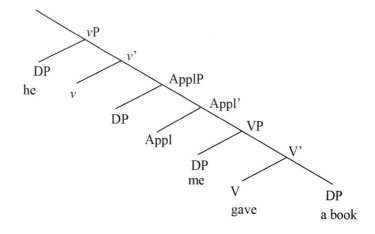

$[[V]]=\lambda x.\lambda y.\lambda e.\ Give(e)\ \&\ Theme(e,x)\ \&\ Recipient(e,\ y)$

$[[V']]=\lambda y.\lambda e.\ Give(e)\ \&\ Theme(e,\ a\ book)\ \&\ Recipient(e,\ y)$

$[[VP]]=\lambda e.\ Give(e)\ \&\ Theme(e,\ a\ book)\ \&\ Recipient(e,\ me)$

$[[Appl]]=\lambda x.\lambda e.Appl_{Poss}(e,\ x)$

$[[Appl']]=\lambda x.\ \lambda e.\ Appl_{Poss}(e,\ x)\ \&\ Give(e)\ \&\ Theme(e,\ a\ book)\ \&\ Recipient(e,\ me)$

$[[ApplP]]=\lambda e.\ Appl_{Poss}(e,\ me)\ \&\ Give(e)\ \&\ Theme(e,\ a\ book)\ \&\ Recipient(e,\ me)$

$[[v]]=\lambda x.\lambda e.\ Agent(e,\ x)$

$[[v']]=\lambda x.\lambda e.\ Agent(e,\ x)\ \&\ Appl_{Poss}(e,\ me)\ \&\ Give(e)\ \&\ Theme(e,\ a\ book)\ \&\ Recipient(e,\ me)$

$[[vP]]=\lambda e.\ Agent(e,\ he)\ \&\ Appl_{Poss}(e,\ me)\ \&\ Give(e)\ \&\ Theme(e,\ a\ book)\ \&\ Recipient(e,\ me)$

这种分析就避免了低位ApplP分析带来的一系列问题。例如，Larson提出的逻辑蕴含可以得到很好的分析，间接宾语在[Spec，VP]或[Spec，ApplP]处，与事件关联。间接宾语直接生成于或移位到[Spec，ApplP]处，状语可以嫁接到动词短语VP处。间接宾语处于[Spec，ApplP]时，位置高于直接宾语的最大投射，因此不存在辖域歧义。

2.特殊双宾结构

英语中存在一类特殊的双宾结构，在文献中得到了广泛的讨论（Webelhuth & Dannenberg，2006；Horn，2008，2009；Bosse，2016）。此类结构的特殊之处在于宾语代词与句子的主语具有相同的指称，通常出现在非正式英语语体、美国南方英语（Southern American English）或阿巴拉契亚英语（Appalachian English）中[①]。例如：

（34）a. John$_i$ is gonna kill him$_i$ a bear.

　　b. I$_i$ got me$_i$ some sandwiches.

　　c. [That house]$_i$ needs it$_i$ a new roof.

可以发现，论元him、me或it并非句子的必要成分，而是非选择论元。Webelhuth & Dannenberg认为主语同指代词强调主语在事件中的角色。如果省略上述成

[①]代词的使用具有一定的倾向性：第一人称和第二人称优先于第三人称；有灵指称优先于无灵指称。

分,句子仍然是合乎语法的,同时句子的真值保持不变。

（35）a. John is gonna kill a bear.

　　b. I got some sandwiches.

　　c. That house needs a new roof.

从结构来看,非选择论元受到主语的局部约束,尽管这违反了约束理论第二原则。

（36）a. I$_i$ got me$_i$ some candy.

　　b. We$_i$ got us$_i$ some candy.

　　c. You$_i$ got you$_i$ some candy.

　　d. He$_i$ got him$_{i/*j}$ some candy.

　　e. They$_i$ got them$_{i/*j}$ some candy.

　　f. Mary$_i$ would love her$_{i/*j}$ some flowers.

句中的代词不能被认为是相应反身代词的变体形式。首先,代词和反身代词的使用具有不同的意义。例如:

（37）a. I$_i$ am gonna buy me$_i$ some flowers.

　　b. I$_i$ am gonna buy myself$_i$ some flowers.

其次,在很多情况下,反身代词的使用会导致生成的句式不合语法,代词的使用则没有问题。例如:

（38）a. *He$_i$ needs himself$_i$ just a little more sense.

　　b. He$_i$ needs him$_i$ just a little more sense.

　　c. *I$_i$ am gonna write myself$_i$ a letter to the president.

　　d. I$_i$ am gonna write me$_i$ a letter to the president.

Hutchinson & Armstrong（2014）认为此类结构含有低位施用投射,结构如下:

（39）

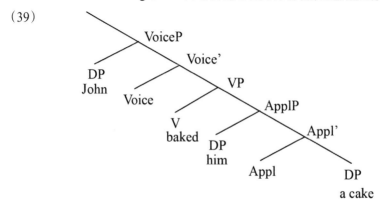

不难发现,该结构与 Pylkkänen（2002）的双宾结构相同,但这种类比也存在一定的缺陷:①典型双宾结构中的间接宾语可以作为被动句的主语,而此类结构中的代词则不能成为被动句的主语;②典型双宾结构中的低位 Appl 结构表示的是两个个体之间的关系,而此类结构中的 Appl 则表示个体与事件之间的关系。

Haddad（2011）提出了反局部（Anti-locality）的分析思路,他认为代词是一个附着成分（Clitic）,作为 Appl 的中心语,动词经过中心语移位与代词嫁接。

（40）

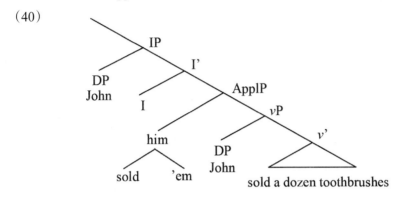

该分析可以很好解释动词和代词为什么总是相邻的,但同时也面临一定的挑战,因为有时施用论元可以伪装成短语性的成分,此时就无法分析为中心语（Horn,2008; Collins et al., 2008）。

（41）I want my ass some quesadillas.

为了避免上述问题,我们认为此类结构包含高位施用投射,其中心语为 Appl$_{involve}$,,非核心论元合并在[Spec, ApplP]处。

（42）John$_i$ baked him$_i$ a cake.

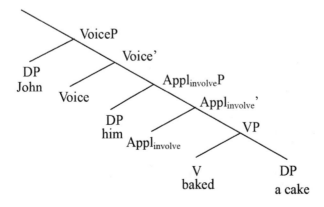

语义组合方式如下：

$[[V]] = \lambda x.\lambda e.\ Bake(e)\ \&\ Theme(e, x)$

$[[VP]] = \lambda e.\ Bake(e)\ \&\ Theme(e, a\ cake)$

$[[Appl_{involve}]] = \lambda x.\lambda e.Appl_{invlove}(e, x)：x=y$

$[[Appl_{involve}']] = \lambda x.\ \lambda e.\ Appl_{involve}(e, x)\ \&\ Bake(e)\ \&\ Theme(e, a\ cake)：x=y$

$[[Appl_{involve}P]] = \lambda e.\ Appl_{involve}(e, him)\ \&\ Bake(e)\ \&\ Theme(e, a\ cake)：him=y$

$[[Voice]] = \lambda x.\lambda e.\ Agent(e, x)$

$[[Voice']] = \lambda x.\lambda e.\ Agent(e, x)\ \&\ Appl_{invlove}(e, him)\ \&\ Bake(e)\ \&\ Theme(e, a\ cake)：$
$him=y$

$[[VoiceP]] = \lambda e.\ Agent(e, John)\ \&\ Appl_{involve}(e, him)\ \&\ Bake(e)\ \&\ Theme(e, a\ cake)：$
$him=John$

5.2.3 汉语双宾结构的推导

前面提到,汉语的双宾结构要比英语复杂。从语义上来看,汉语存在"给予类"双宾结构和"非给予类"双宾结构等。前者的结构和英语相似,可以进行统一的句法和语义分析。我们以陆俭明(2002)的描写为基础,尝试提出汉语双宾结构的句法和语义分析。

1."给予类"结构

张伯江(1999)认为,此类结构的原型特征是施事者有意把受事转移给接受者。陆俭明(2005)认为"给予"可以描述如下:存在着给予者和接受者双方;存在着从给予者向接收者转移的事物;给予者能动地将所转移的事物从自己一方转移到接受者一方。

(43) a. 他寄(给)我两封信。

　　　b. 他写给我一封信。

从论元结构来看,当动词是双及物动词时,"给"是可选的,其存在与否对整个句子的合法性不会造成影响;当动词是单及物动词时,其后需要加上"给",否则句子就是不合语法的[①]。

---

　　①本课题组于2018年1月通过问卷星软件对现代汉语双宾结构的使用情况进行了一次语感调查。问卷发放210份,回收有效问卷203份。

（44）

	高	较高	低	较低
他寄了我一封信。	24.14%	29.06%	29.56%	17.24%
他寄给了我一封信。	41.38%	30.05%	16.26%	12.32%
*他写了我一封信。	9.36%	13.79%	42.86%	33.99%
他写给了我一封信。	33.5%	27.59%	24.63%	14.29%

上述句式可以通过变换分析得出下面的句式。

（45）a. 他寄两封信给我。

　　　b. 他给我寄两封信。

　　　c. 他写一封信给我。

　　　d. 他给我写一封信。

但是不能据此认为"给"的语法属性是相同的。变换前的"给"是一个词缀,附着在动词后面。当句子含有体标记"了"时,"了"的位置处于"给"和间接宾语之间。

（46）a. 他寄给了我两封信。

　　　b. 他写给了我两封信。

（47）

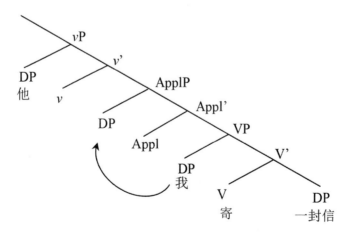

[[V]]= λx.λy.λe. Post(e) & Theme(e,x) & Recipient(e, y)

[[V']]= λy.λe. Post(e) & Theme(e, a letter) & Recipient(e, y)

[[VP]]= λe. Post(e) & Theme(e, a letter) & Recipient(e, me)

[[Appl]]= λx.λe.Appl$_{Poss}$(e, x)

[[Appl']]= λx. λe. Appl$_{Poss}$(e, x) & Post(e) & Theme(e, a letter) & Recipient(e, me)

[[ApplP]]= λe. Appl$_{Poss}$(e, me) & Post(e) & Theme(e, a letter) & Recipient(e, me)

[[v]] = λx.λe. Agent(e, x)

[[v']] = λx.λe. Agent(e, x) & Appl$_{Poss}$(e, me) & Post(e) & Theme(e, a letter) & Recip-ient(e, me)

[[vP]] = λe. Agent(e, he) & Appl$_{Poss}$(e, me) & Post(e) & Theme(e, a letter) & Recipi-ent(e, me)

如果没有"给",单及物动词不能构成双宾结构,这是因为缺乏"给"的结构不能投射Appl$_{ben-rec}$,相应的句子也就不合语法;如果有显性的"给",就可以有最大投射ApplP,"给"是其中心语。此时生成的句子和英语单及物动词构成的双宾结构推导过程类似。

（48）

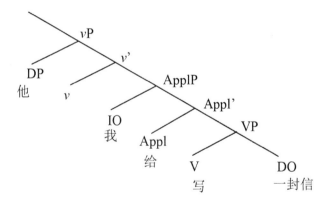

[[v]]=[[写]]= λx.λe. Write(e) & Theme(e, x)

[[VP]] =[[写一封信]]= λe. Write (e) & Theme(e, a letter)

[[Appl]]=[[给]]= λx.λe.Appl$_{ben-rec}$(e, x)

[[Appl']]=[[写给一封信]]= λx. λe. Appl$_{ben-rec}$(e, x) & Write (e) & Theme(e, a letter)

[[ApplP]]=[[写给我一封信]]= λe. Appl$_{ben-rec}$(e, me) & Write (e) & Theme(e, a letter)

[[v]] = λx.λe. Agent(e, x)

[[v']] = λx.λe. Agent(e, x) & Appl$_{ben-rec}$(e, me) & Write (e) & Theme(e, a letter) [[*v*P]] =[[他写给我一封信]]= λe. Agent(e, he) & Appl$_{ben-rec}$(e, me) & Write (e) & Theme(e, a letter)

2."非给予类"结构

从层次结构来看,这类结构和"给予类"双宾结构是一样的。对于此类结构,学界争议较大,其中的焦点在于"吃了他三个苹果"究竟是单宾结构还是双宾结构。陆俭明认为将此类句式分析为双宾结构具有可行性,分析过程如下:①"总共""一共"在语义指向上有个共同点,即做状语时指向成分是一个数量成分,且数量成分之前不能含有任何限定性的成分。②"给了他三个苹果"是学界公认的双宾结构,"总共"或"一共"可以修饰这个双宾结构。这是因为"他"和"三个苹果"之间没有直接的句法关系。③"总共"或"一共"同样可以修饰"吃了他三个苹果"。这表明"他"和"三个苹果"之间虽然在语义上具有领属关系,但在句法上并无直接的关系,因此该类结构属于双宾结构。

陆俭明(2002)①认为,"非给予类"的双宾结构实际上是一个大类,它们在句法、语义上存在一系列的平行现象:"名1"和"名2"之间一定有领属关系;"名1"在语义上,为动词的与事(dative);"名2"是个数量名结构,在语义上为动词的受事;它们都能受"一共/总共"的修饰。典型的此类结构有:

(49) a. 一共/总共吃了他三个苹果

　　　b. 一共/总共修了王家三扇门

　　　c. 一共/总共买了他一所房子

　　　d. 一共/总共偷了我一张邮票

　　　e. 一共/总共娶她家一个闺女

　　　f. 一共/总共收了你两百块钱

接下来我们以"张三吃了他三个苹果"为例来分析该类句式的句法推导和语义组合。这种句式的典型之处就是动词"喝""吃""偷"本身是单及物动词,但是它们可以接两个宾语。黄正德(2007)称这类结构为伪双宾结构(Pseudo-Double Object Construction),与真正的双宾结构形成对照。

---

①该文对此类双宾结构的领属关系和动词进行了详尽的分类。

（50）

	高	较高	低	较低
他偷了我一本书。	50.74%	34.98%	7.88%	6.4%
他偷走了我一本书。	45.81%	31.03%	13.3%	9.85%

　　黄正德考察了"张三喝了我两瓶啤酒"的生成方式,他发现动词后的第一个论元是动作的影响者,也就是说,张三喝酒对我造成的影响就是我失去了一些原本拥有的物体。根据黄正德的分析,"我"基础生成于[Spec,VP]处,在此处获得了[+Affected]的题元角色。

　　我们对该类句式的探讨基本上延续了黄正德的分析,同时对他的结构分析进行了一定的调整。根据黄正德的分析,"我"基础生成于[Spec,VP]处,具有 [+Affected]的题元角色。我们可以借助于 Linna Pylkkänen 的思想,将其进一步明确化。由于"我"是非核心论元,具有[+Affected]的题元角色,我们假设"我"在句法结构中处于[Spec,ApplP]处,获得[+Affected]的题元角色。根据人们的语感,这里的"我"和"三个苹果"之间具有语义上的领属关系。许多学者将这类句式分析为领有者提升结构（Possessor Raising）,Hole 分析了德语的相关句式,认为这类句子不宜分析为领有者提升。

　　动词"吃"首先与名词短语"他三个苹果"合并,构成动宾结构的句法实体,动词短语被 Appl 选择,投射成 ApplP,ApplP 再被 v 选择,投射成 vP 。该 vP 是一个强语段,具有域外论元,"张三"合并在 vP 的指示语处,获得相应的题元角色。"他"与 Appl 进行一致特征的匹配,并从 Appl 那里获得与格的值,删除其不可诠释的格特征。"苹果"从 v 处获得宾格的特征值。最后 vP 被 T 选择,T 投射成 TP；TP 再被 C 选择,C 投射成 CP。此时 T 与"张三"的一致特征匹配,"张三"从 T 获得主格的值,T 具有 EPP 特征,"张三"移位到其指示语处核查该特征。虽然[Spec, vP] 是 vP 语段中的成分,但由于它处于 vP 语段的边缘位置。根据语段不可渗透条件,该成分仍然可以被下一个语段的相关操作所及。根据中心语移位限制,中心语 V 首先移到 Appl 处,与 Appl 嫁接构成 V+Appl,然后 V+Appl 移到轻动词 v 处,与 v 嫁接构成 V + Appl + v 。

　　如何解释间接宾语和直接宾语之间的领属关系？ 可以认为,域内论元"三个苹果"在其基础位置缺乏领有者,因而处于未饱和（Unsaturated）状态。语义组合继续进行,直到引介[+Affected]题元角色的Appl合并到句法结构中。此时,通过变量识别,将两个变量识别为同一个成分,这样处于[Spec, ApplP]处的论元就可以同时获得两个语义角色,即[+Affected]和[+Possessor]。

（51）

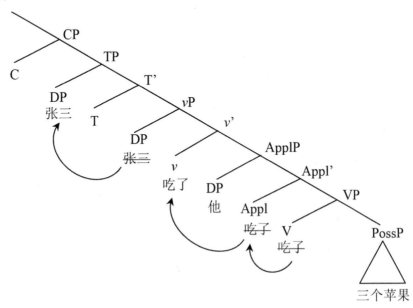

[[三]] = λP[│x│=3 & P(x)]

[[三个苹果]]=f₃(λx [(apple)(x) & │x│=3]

[[PossP]]=λy f₃(λx [(apple)(x) & │x│=3 & POSS(x,y)]

[[V]]=[[吃]]= λx.λe. Eat(e) & Theme(e,x)

[[VP]]=[[吃三个苹果]]=λy. λe. Eat(e) & Theme(e)=f₃(λx [(apple)(x) & │x│=3 & POSS(x,y)]

[[Appl]]= λx.λe.Appl₍aff₎(e, x)

[[Appl']]= λy.λe.Appl₍aff₎(e, y) & Eat(e) & Theme(e)=f₃(λx [(apple)(x) & │x│=3 & POSS(x,y)]

[[ApplP]]= λe.Appl₍aff₎(e, him) & Eat(e) & Theme(e)=f₃(λx [(apple)(x) & │x│=3 & POSS(x, he)]

[[v]]= λx.λe.Agent(e, x)

$$[[v']] = \lambda x.\lambda e.Agent(e, x) \& Appl_{aff}(e,him) \& Eat(e) \& Theme(e)=f_{\exists}(\lambda x [(apple)(x)$$
$$\& \mid x \mid =3 \& POSS(x,he)]$$

$$[[vP]] = \lambda e.Agent(e, Zhangsan) \& Appl_{aff}(e,him) \& Eat(e) \& Theme(e)=f_{\exists}(\lambda x [(apple)(x) \& \mid x \mid =3 \& POSS(x,he)]$$

对比英语和汉语，不难发现英语中此类双宾结构式是不存在的，这是因为英语中没有 $Appl_{aff}$ 的功能投射，也就无法引导相应的非核心论元。

3.非指称宾语结构

现代汉语的第三人称代词"他"还有一种特殊的用法，即非指称用法（Chao，1968；吕叔湘等，1980）。当时他们仅仅提到这种特殊的句法现象，并未对其进行结构分析。例如：

（52）a. 咱们喝他两瓶啤酒。

　　　 b. 我们买他十本书。

这里的"他"通常紧随动词之后，句中的名词短语通常由数量短语限定，而且"他"的省略对句子的合法性不会造成任何影响。朱德熙（1982）和马庆株（1983）将此类句式称为"双宾结构"，"他"是双宾结构的一个宾语，不能再与另外两个宾语共现。袁毓林（2003）将"他"视为代词，在句中的先行语不是名词短语，而是整个动词短语。

在生成语法框架下探讨该句式的是 Lin（1994）和 Su（2012）。Lin[①]（1994）认为，非指称代词不是句子的间接宾语，而是处于[Spec, AgrOP]。"他"是名词性短语，必须被赋予结构格（Chomsky, 1981）。当处于[Spec, AgrOP]时，提升至 Asp 处的动词可以给代词赋予结构宾格。Su（2012）的分析基于最简方案的分析框架，他假设该类句式含有功能句法投射 taP。在 TP 和 vP 之间包含根式情态，根式情态的中心语 Mod 具有可诠释的但未赋值的特征，在其成分统制范围内与"他"建立远距离的句法一致关系。

我们也可以将本章的思路拓展到该类句式的分析。"他"不是动词的论元成分，因而不能与动词直接合并。非指称宾语结构含有允准非核心论元的高位 Appl 投射，该投射类似于 Georgala（2008）提出的虚词施用投射（Expletive Applicative），不能分配给名词短语任何题元角色。句中的"他"并不具有题元角色，正好合并在[Spec, ApplP]处。

──────────

①后来，Lin认为，非指称代词是附着成分，作为DP的中心语，附加在动词之上。

（53）

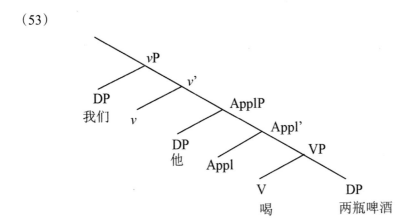

5.3 小结

  本章在最简方案框架下,对英汉双宾结构的生成进行了统一的处理,是现有双宾句式研究的进一步拓展。从词汇语义和论元结构的角度来看,英汉双宾结构中的动词并没有本质的区别,"送"和"send"是三元谓词,它们需要接两个域内论元。"烤"和"bake"是二元谓词,它们通常接一个域内论元。从英汉语的例子来看,单及物动词也可以用于双宾结构,这并不意味着单及物动词后面携带了两个域内论元。一方面,相同意义的动词在使用时具有不同的构式义;另一方面,有时同样意义的动词,在一种语言中不能用于双宾结构,在另一种语言中却是合乎语法的。我们通过最简方案的功能语类变异观,对此提出了合理的分析方案。单及物动词后额外增加的论元是句子的非核心论元,不是动词的必要论元,该非核心论元是通过功能语类 Appl引入的,ApplP 投射位于动词投射之上。英汉语中的功能语类 Appl 的语义特征存在差异性:英语 Appl 的特征是[+Recipient];汉语 Appl 的特征是[+Affected]。根据这种差异,"他偷了我一本书"和"He stole me a book"表达的意思不同。前者表示"他从我这里偷了一本书";后者表示"他偷了一本书给我"。这种差异可以归结于英汉功能语类 Appl 的差异,而不能从"steal"和"偷"的语义上寻求解释。

第六章
领主属宾结构及相关句式

《儒林外史》第一回有如下记载:人姓王名冕,在诸暨县乡村居住;七岁时死了父亲,他母亲做些针黹,供给他到村学堂里去读书。学者据此编了"王冕死了父亲"这个句子。以"王冕死了父亲"为代表的领主属宾结构[①]成了现代汉语经久不衰的研究课题。虽然是一个看起来极其简单的句子,但其中涉及的理论问题极其复杂。最早汉语学者从传统语法角度对其进行研究,然后随着国外语言学理论的引入,众多学者在功能语法、认知语法和生成语法的视角下进行了广泛而深入的讨论。研究主要聚焦在该句式的生成问题、名词的赋格问题、动词的分类问题、句式配价问题、篇章功能问题和主观性问题,等等。虽然该句式已经讨论了半个多世纪,但对其还未达成一致。本章在最简方案框架下进一步讨论该类句式的生成和推导方式,并结合事件语义学对其进行形式语义分析。

6.1 研究进展

在过去几十年中,"王冕死了父亲"作为现代汉语一个典型的句式[②],受到众多学者的关注。功能语法、认知语法、生成语法都对该句式进行了深入的研究,学者们从各自的角度对这个句子的结构和形成动因进行分析,尝试找到合理解释。这里我们首先对相关研究进行梳理,并总结出其中主要观点。

[①]文献中采用的说法不尽相同,如领主属宾句、领有名词提升句、不及物动词带宾语现象、显性非宾格动词结构、一元非作格结构带宾语现象等。有的文献中直接使用"王冕死了父亲"之类句子。"王冕死了父亲"是现代汉语一个传统难题,它挑战了"不及物动词不能带宾语"的一般规律。关于这类句式的详细综述,读者可参考刘探宙(2018)的专著《说"王冕死了父亲"句》。

[②]从跨语言的角度来看,此类句式虽然是汉语的一种典型句式,但并非汉语独有,如德语也有类似的非核心论元。

6.1.1　传统语法研究

20世纪50年代关于主语和宾语的大讨论中,学者就开始关注这一句式(吕冀平,1955,1956;邢公畹,1955;曹伯韩,1956;傅子东,1956;王力,1956;徐重人,1956;肃父,1956)。当时主要在结构主义的框架内描述这类句式,争论的焦点集中在名词性成分的语法关系及其归类问题。朱德熙(1978)认为动词应该分析为二价动词。20世纪80年代,学界再次关注这一句式。李钻娘(1987)详尽地描述了此类句式的性质和特征。她首次使用了"及物/不及物"的语法范畴,认为该句是存在句,"死"是不及物动词。郭继懋(1990)的研究最系统、全面,得到的关注最多。他将该类句子描述成领主属宾句,句首名词与句末名词之间具有领属关系,动词与句首名词没有直接的语义关系。

6.1.2　生成语法研究

为什么众多的生成语法学者都对该类句式表示极大的关注? 这主要由于动词"死"是典型的一元谓词,但该句中出现了两个名词性的成分。不及物动词只能分配一个题元角色,这就意味着还有一个名词得不到题元角色,违反了题元准则。作为普遍语法的重要组成部分,题元准则具有跨语言的解释力,不能从汉语的表面现象就轻易否定题元准则的适用性。因而,必须对汉语的领主属宾句提出合理的解释。最早在这一框架下探讨该句式的是徐杰(1999),他率先提出了领有名词移位的观点,并且得到了积极响应。关于此类句式的生成,目前学者持两种观点,即移位说和基础生成说。

1.移位说

徐杰[1](1999)和韩景泉(2000)从领有名词提升的角度进行了分析,认为"王冕死了父亲"中的领有名词本来处于领属名词短语中,通过移位移到句子的主语位置。如果句子整个宾语移位,就可以生成"王冕的父亲死了"这个句子。

[1]徐杰的研究开创了生成语法研究领主属宾句研究的先河,他的"领有名词提升"的基本思想对汉语句法研究产生了重要影响,是利用生成语法的原则理论研究汉语特殊句式的典范。

（1）

关于移位的动因存在两种解释，即格驱动的移位和特征核查驱动的移位。徐杰（1999）认为"王冕"从其基础位置移到主语位置获得主格，保留宾语获得部分格。韩景泉则认为"王冕"移位获得主格之后，再将主格通过语链传递给保留宾语。温宾利和陈宗利（2001）借助最简方案的特征核查理论，认为汉语的主语通常是定指的，"王冕"的移位就是为了核查主语的定指特征。

上述分析在普遍语法的相关理论指导下，对汉语的特殊句式提供了初步的探索方案。但具体分析细节仍然需要改进，如"王冕"在其基础位置被赋予"属格"，根据自利原则需求无须进行移位。部分格的概念来自芬兰语等语言，需要相关成分具有"部分""无定"的特点，但汉语中有定成分也可以出现在保留宾语的位置上。特征核查也存在问题，正如沈家煊指出的，汉语有些句子并不需要核查定指特征同样合法，例如：

（2）a. 昨天死了一个人。

　　 b. 刚才来了一个人。

2.基础生成说

上述研究认为，句首的主语都是通过移位的方式生成的。还有一派观点认为领有名词基础生成于表层结构。朱行帆（2005）、胡建华（2008）、马志刚（2009）等认为，句首主语"王冕"以动词论元的身份直接投射到主语位置。潘海华和韩景泉（2005）、杨大然（2008）认为领有名词并非句子的主语，而是基础生成的话题。这是因为，汉语是典型的话题显著性语言，话题可以直接生成于[Spec，TopP]处，不需要通过移位的方式生成。基础生成的话题是非论元成分，不是句子的主语，格鉴别式对其不起作用。在整个过程中，"父亲"实际上进行了多次移位操作，移到主语处获得主格，移到句末生成句子焦点。话题分析不能很好地解释"王冕"和"父亲"之间的领属关系。此外，"父亲"的最后一步移位是右向移位，这违背了主流生成语法的移位观点，即一切移位都是左向的。

（3）

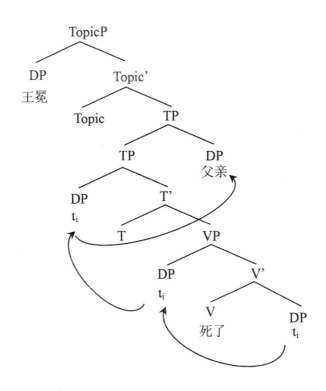

最简方案将语言的差异归结为功能语类，也有学者尝试通过功能语类进行解释（朱行帆，2005；李杰，2009；王奇，2005，2006）。朱行帆（2005）通过轻动词分析了该句的推导方式。他认为存在语义为"经历"的轻动词，该轻动词没有语音表现形式，选择VP为其补足语。"王冕"处于轻动词的指示语处，被指派"经历者"的域外题元角色，最终移到句子的主语[Spec，TP]处。而王奇认为，"王冕"在其基础位置位于[Spec，Appl]处。

6.1.3 认知语言学研究

认知语言学框架中对该句式进行开创式研究的是沈家煊（2006）。沈家煊认为，

"王冕死了父亲"这类句子不是通过移位而是通过糅合生成的。从糅合的角度看，"王冕死了父亲"是"王冕的某物丢了"和"王冕丢了某物"糅合的类推产物。

刘国辉（2007）在构式语法理论框架下剖析了"王冕三岁死了父亲"的认知基础，发现动词"死"的认知语义不能导出其结构本质。这不仅要考虑动词"死"的语义，还要考察该类句式的宏观和微观系统。作者指出这类构式具有整体构式意义，不能简单地将各个语类相加。特定时间与论元结构搭配产生特殊的组合效果，超出人们的常规认知期待，导致人们情感的自然移情流露。

刘晓林（2007）认为"王冕死了父亲"是广义的存现句，"死"在现代汉语作为及物动词的用法已经消失，但是其结构框架在一定程度上保留了下来。所谓的"广义"就是指存现句句首成分在一定的语用目的驱动下，在语言的类推机制的作用下，生命度可以增强。句首的空间词语如被类推为有生名词，存现句就会变为领属句。任鹰（2009）把"领属"和"存现"看作相同的"附着"关系，认为它们是同一句法形式表达两种意义，并将它们纳入同一认知框架进行分析。李杰（2009）把"领主属宾句"和"隐现句"都看作"发生句"，认为"隐现"和"得失"义是在"发生"义基础之上产生的。

杨玲（2015）从认知语义的角度，对该类句式涉及的状态变化事件进行了分析。领主属宾句是典型的状态变化事件，其特殊之处在于该类句式包含两个变化事件。"王冕死了父亲"的两个变化事件是：a.父亲死了；b."父亲死了"的事件发生在王冕身上。事件a中，"父亲"和"死"分别被概念化为焦点实体和背景实体。事件b中，"父亲死了"这个变化事件发生在王冕身上，因此，"王冕"是焦点实体，而"父亲死了"作为整体被概念化为背景实体。

6.1.4 功能语言学研究

这里的功能语言学专指系统功能语言学。从相关研究文献来看，领主属宾句的功能语言学研究起步较晚。邓仁华（2018）从加的夫系统功能语法的视角阐释"领主属宾句"，认为它实际上是"属有型"存在句，系"属有型"关系过程小句，主语是"受影响者-载体（拥有者）"，宾语是"受影响者-被拥有者"，它们之间存在"领属关系"。句中的动词须具备"广义"的存在意义，但它不会增加动词携带的参与者的数目或改变参与者的角色。

　　黄国文(2018)和杨炳钧(2018)分别从韩礼德系统功能语言学的语法隐喻的角度探讨了该类句式。黄国文认为,该句是"王冕的父亲死了"的隐喻,属于语篇语法隐喻。但杨炳钧(2018)只认同韩礼德的观点,却不承认语篇语法隐喻的存在。他认为该句是由"有个七岁的孩子叫王冕,他的父亲死了"向下级转移而形成的小句,属于典型的概念语法隐喻。

　　上述研究都是从共时的角度对该句式的探讨。此外,石毓智(2007)、俞理明和吕建军(2011)从汉语史的视角梳理了"王冕死了父亲"的演变过程。

　　概括起来,早期的研究以传统语法为主要理论依据,但研究多是描述性的,缺乏解释充分性。20世纪90年代左右生成语言学率先对该类句式的生成给予了解释,并提出众多的分析方案。进入21世纪,认知语言学和功能语言学也参与到其中的讨论。生成语言学研究成果相对比较丰富,但是在统一框架下提出的观点相互冲突,无法说服对方。认知语言学的研究避免了生成语法的复杂移位操作。但不可否认的是,从认知角度进行阐述有时过多依赖个人的主观性,在具体操作层面会面临一定的困难。从历时的角度来看,类推未必是行之有效的手段。石毓智(2007)指出"王冕死了父亲"出现在13世纪,而表丧失意的"丢"出现于18世纪,因而不能通过糅合说进行解释。功能语言学相关研究较少,在研究该类句式时,大多数研究仍然局限于汉语本身,没有从跨语言的角度全面考察相关现象,得出的结论并不具有普适性。而且各学派之间的研究相对孤立,缺乏借鉴与沟通。

6.2　句法结构和语义推导

6.2.1　非作格动词与非宾格动词

　　根据生成语法的非宾格假设[①],不及物动词实际上分为两个子类:非作格动词(Unergative Verb)和非宾格动词(Unaccusative Verb)。这种对立是跨具体语言的,适用于各种自然语言(Burzio,1986)。简单来说,非作格结构动词只带一个域外论元,

―――――――――
　　①非宾格假设最早是由Perlmutter(1978)在关系语法的框架中提出的,目前在生成语法框架中得到了广泛运用。

非宾格动词只带一个域内论元。例如：

非作格动词：cry、shout、sing、dance、laugh、jump

非宾格动词：come、go、arrive、happen、die

从跨语言角度来看，这两种结构具有不同的句法表现。

结果补语：英语中，结果补语通常只能描述宾语的状态，而不能描述主语的状态。非宾格结构中，结果补语则可以限定主语，非作格动词则排除这种用法。

（4）a. John hammered the metal flat.

　　b. *John hammered the metal sweaty.

　　c. The ice-cream froze solid.

　　d. *John ate sick.

助动词选择：现代英语中，所有动词都用 have 作完成体助动词。然而，在早期英语中，表示移动和状态变化的动词，如 come、go、grow、fall 等都用 be 动词作完成体助动词。德语和意大利语等语言中，仍然用不同的助动词对两类动词进行区分。

德语

（5）a. Die marie ist angekommen.

　　　the maria is arrived

　　　"Marie has arrived."

　　b. Die Maria hat telefoniert.

　　　the Maria has telephoned

　　　"Maria has telephoned."

意大利语

（6）a. Maria è arrivata.

　　　Maria is arrived fem.sg

　　　"Maria has arrived."

　　b. Maria ha telefonato.

　　　Maria has telephoned

　　　"Maria has telephoned."

额外宾语：非宾格动词后不能出现其他论元成分，而非作格动词则可以。

（7）a. *The bus arrived me.

　　b. *Sue appeared me.

　　c. Jon dance the Waltz.

　　d. Sue sneezed a sneeze.

There 结构：在表层结构中，非宾格动词的宾语可以待在原位，主语由虚词 there 填补。

（8）a. A stranger arrived.

　　b. There arrived a stranger.

汉语缺乏虚词 there。徐杰认为，当名词性成分既可以出现在动词前，也可以出现在动词后时，该动词是非宾格动词。例如：

（9）

一个人来了	来了一个人
一只狗死了	死了一只狗
一条船沉了	沉了一条船
一班学生走了	走了一班学生
一面墙倒了	倒了一面墙

当名词性成分只能出现在动词之前时，该动词是非作格动词。例如：

（10）

病人咳嗽了	*咳嗽了病人
男孩子哭了	*哭了男孩子
病人醒了	*醒了病人
两个人结婚了	*结婚了两个人
两个人游了一会儿	*游了一会儿两个人

6.2.2　句法和语义推导

推导一：王冕的父亲死了

首先，我们从分析"王冕的父亲死了"的句法结构和语义生成方式中可以看出，"死"是典型的非宾格动词，根据论元结构的需求，动词只能携带一个论元成分。名词性成分可以出现在动词前面，也可以出现在动词后面。汉语中其他非宾格动词都有类似于"死"的用法。"王冕的父亲死了"的结构图如下所示。

（11）

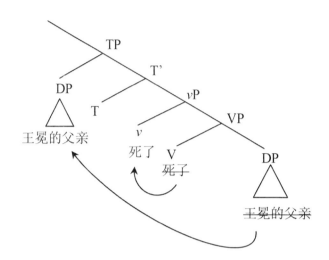

其次，根据乔姆斯基的语段观点，强语段具有完整的命题结构，包括带有时态和语力的完整小句和具有完整论元结构的动词短语，如CP和v*P。强语段一旦形成，其补足语立刻被拼读出去，拼读出的成分不再参与一致和核查等句法运算。最简方案假设，T和V的特征是从语段中心语C和v继承而来。根据布尔兹欧定律（Burzio's Generalization），没有域外论元的动词没有赋格能力，故"王冕的父亲"不能从v或V处获得相应的格。"死"没有域外论元，因而仅构成弱语段（Weak Phase）①，其补足语VP不必立即拼读。最简方案认为，域外论元是由轻动词v引导的。为了确保句法结构的一致性，弱语段中同样含有轻动词投射，只不过v缺乏域外论元，选择非宾格动词。该句的句法推导过程如下：

非宾格动词"死"和域内论元合并，构成"死了王冕的父亲"。"王冕"处于限定词的指示语位置，获得了内在的领有者的题元角色。动词短语VP被轻动词v选择，v投射成vP。v具有的词缀特征促使中心语移位，与v进行嫁接。v不能选择域外论元，因而是一个弱语段，不能立即实施拼读操作。vP被T选择，T投射成TP。TP再被C选择，C投射成CP。T继承了C的一致性特征之后，与"王冕的父亲"的一致

①为了句法结构的一致性，虽然非宾格动词没有域外论元，但在句法投射中仍然存在轻动词投射vP。文献中有时用v*P来表示强语段（Strong Phase）。

性特征进行相互匹配,此时"王冕的父亲"从 T 处获得主格的值。T 具有 EPP 特征,"王冕的父亲"移到[Spec, TP]处核查该特征。

语义组合过程如下:

[[DP]]=[[王冕的父亲]]= ιx [(father)(x) & POSS(x, Wang mian)]

[[V]]=[[死了]]= λx.λe. Die(e) & Theme(e, x)

[[VP]]=[[死了王冕的父亲]]=λe. Die(e) & Theme(e)=ιx [(father)(x) & POSS (x, Wang mian)]

[[v]]= λf.f

[[vP]]= λe. Die(e) & Theme(e)=ιx [(father)(x) & POSS(x, Wang mian)]

[[T]]= λP$_{<s,t>}$ $\exists$e$_s$[P(e) & Past(e)]

[[TP]]= $\exists$e$_s$[Die(e) & Theme(e)=ιx [(father)(x) & POSS(x, Wang mian)] & Past(e)]

最后,"王冕的父亲"在句中原来处于动词的后面,最终移到[Spec, TP]是为了满足 EPP 特征。语义组合可以在其原位进行,这是因为最简方案用移位复制理论代替了移位语迹理论。在管辖与约束理论中,当某一句法成分移动后,原来的位置上会留下一个语迹 t。语迹违反了包容性条件。根据包容性条件,句法运算中不能额外添加任何新的成分。语迹不是从词库中提取出来的成分,而是在移位过程中引进的新成分。移位的复制理论就成功地避免了这一问题。根据该理论,当某一语类移动之后,在原位置留下了与先行语一致的句法特征,两者形成一条语链。

推导二:王冕死了父亲

"王冕的父亲死了"和英语的"Wang Mian's father died."具有相同的句法推导结构。与英语不同的是,汉语还有领主属宾句式,即"王冕死了父亲"。从词汇语义的角度来看,"死"和"die"应该没有本质差异,但是在句法结构中的使用却不相同。我们认为,这只是一种表面的错觉。"王冕死了父亲"中"死"字仍然被分析为一元动词,"王冕"并不是动词论元结构所需求的,而是通过功能语类 Appl 引介到句法结构中的,合并在[Spec, Appl]处的名词短语是事件的经历者[①]。虽然"王冕"和"父亲"之间存在领有关系,但是"王冕"和"父亲"并不处于同一个投射之内。我们认为"王冕"

[①]Bosse,Bruening 和 Yamada(2012)研究德语的非核心论元时,为了更好体现语义关系,直接使用功能投射 AffP(Affected Phrase)来标注此类结构。

并不是通过移位的方式生成的，而是基础生成于[Spec，ApplP]。名词性成分"父亲"的领有者的题元角色在DP内部未得到饱和[1]，但合并在[Spec，ApplP]的"王冕"可以满足这一需求。

从事件语义学的角度来看，"王冕的父亲死了"和"王冕死了父亲"包含的事件不一样。前者只有一个事件；后者包含两个事件（杨玲，2015）。两个事件中，一个是宾语经历的事件e_1，一个是主语经历的事件e_2，事件e_1是事件e_2的来源（Source）。Appl的语义类型可以表达如下：

（12）$[[Appl]]=\lambda P_{<s,t>}.\lambda x.\lambda e. P(e) \& \exists e'(exper)(e') \& Exp(x)(e'): Source(e, e')$

（13）a. 王冕死了父亲

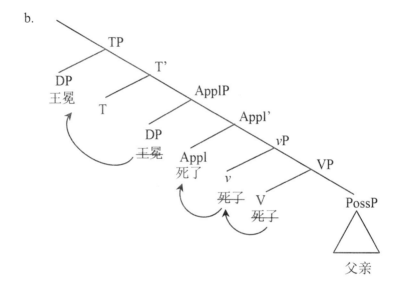

该句的句法推导过程为：非宾格动词和"父亲"合并，构成动词短语"死了父亲"。动词短语VP被轻动词v选择，v投射成vP。没有域外论元的轻动词不是语段，也就不能进行拼读。运算继续进行，功能语类Appl进入句法运算，选择vP作为其补足语。Appl投射成ApplP，"王冕"合并在[Spec，ApplP]处。动词经过两次移位之后与Appl嫁接，ApplP被T选择，T投射成TP。TP再被C选择，C投射成CP。T的EPP特征使得"王冕"移到[Spec，TP]处。根据最简性条件（Minimality Condition），

①"饱和"是满足论元结构的另一种说法。例如，"吃"需要两个论元，如果缺乏其中的一个论元，我们就说动词未饱和。动词必须处于饱和状态，生成的句法才能合乎语法。这一概念也可以拓展到名词结构。

"父亲"不能进行移位核查EPP特征。"王冕"虽然位于[Spec，TP]处，但并不是主格，而是与格。"父亲"与T进行远距离一致操作之后，获得主格。也就是说，该句主语和宾语的格分别是与格和主格，也就是说这是一个与格主语结构（Dative Subject Construction）。与格作主语可以从其他语言中找到例证，如日语、德语和冰岛语等。汉语缺乏显性的格标记，但从生成语法的角度来看，汉语中同样存在格，只不过是以抽象的形式体现。此外，虽然汉语是话题显著性的语言，但句首的"王冕"不宜分析为话题成分，不然"父亲"就会移到[Spec，TP]处满足EPP特征。

该句的语义组合过程如下：

[[PossP]]=ιx.λy. [(father)(x) & POSS(x,y)]

[[V]]=[[死了]]= λx.λe. Die(e) & Theme(e,x)

[[VP]]= λe. Die(e) & Theme(e)=ιx.λy.[(father)(x) & POSS(x,y)]

[[ν]] = λf.f

[νP]] = λe. Die(e) & Theme(e)=ιx.λy.[(father)(x) & POSS(x,y)]

[[Appl]]= λP$_{<s,t>}$.λy.λe. P(e) & ∃ e'(exper)(e') & Exp(y)(e'): Source(e, e')

[[Appl']]=λy.λe. Die(e) & Theme(e)=ιx [(father)(x) & POSS(x,y)]& ∃ e'(exper)(e') & Exp(y)(e'): Source(e, e')

[[ApplP]]=λe. Die(e) & Theme(e)=ιx [(father)(x) & POSS(x, Wang mian)] & ∃ e'(exper)(e') & Exp(Wang mian)(e'): Source(e, e')

[[T]]= λP$_{<s,t>}$∃ e$_s$[P(e) & Past(e)]

[[TP]]= ∃ e$_s$[Die(e) & Theme(e)=ιx [(father)(x) & POSS(x, Wang mian)] & Past & ∃ e'(exper)(e') & Exp(Wang mian)(e')]: Source(e, e')

显然英语的"die"和汉语的"死"用法并不完全一致。

（14）a. His father died five years ago.

　　　b.*He died his father five years ago.

第一句的句法生成和语义组合方式和汉语"王冕的父亲死了"完全一致，但是英语没有第二种表达方式。根据最简方案，语言间的差异可以从功能语类寻求解释。汉语的领主属宾结构中 νP 和TP之间含有功能投射Appl，非核心论元合并在[Spec，ApplP]处得到允准。英语中相应的位置缺乏 Appl 投射，非核心论元无法通过适当的方式得到允准，生成的句式自然就是不合语法的。词汇特征和功能语类的相互作

127

用可以对英汉结构的异同提供合理分析。

"王冕死了父亲"和"王冕的父亲死了"在语义上存在一定的细微差别,因而不能将"王冕死了父亲"简单分析为领有名词提升的结果①。Teng（1974：465）发现,此类领主属宾句中通常预设主语是有生命的,而含有所有格的主语则无此限制。

（15）a. *孔子死了后裔。

　　　b. 孔子的后裔死了。

从结构上看,"孔子死了后裔"是合乎语法的句式,但是该句的可接受度较低。主要原因在于该句预设孔子目前仍然在世,这显然违背了人们的常识。Hole（2006）曾经也有类似的观察。

背景：保罗去世了。

后来,他的父亲也死了/*他也死了父亲。

Hole认为,主语论元表达"受影响[Affectee]"的题元角色,该题元关系综合了原型施事和原型受事的属性。

与"王冕死了父亲"类似的其他句式具有相同的生成方式,例如：

（16）a. 梁恩老汉死了妻子。

　　　b. 那个可怜的军官死了女友。

　　　c. 姥姥死了独生子。

　　　d.一个虔诚的老农妇死了母牛。

　　　e. 小姑娘死了母亲。

　　　f. 有些父母死了儿子。

　　　g. 有些妻子死了丈夫。

显然,相应的英文表达法都是不合语法的。

（17）a. *The old man Liang En died his wife.

　　　b. *The poor officer died his girlfriend.

　　　c. *The grandma-in-law died his sole son.

　　　d. *A devout old peasant woman died a cow.

　　　e. *The little girl died her mother.

　　　f. *Some parents died their sons.

①Hole（2006）给出了多个证据,认为相关句式不能分析为领有名词提升。

　　g. *Some wives died their husbands.

　　"王冕死了父亲"只是领主属宾句的一个最常见的例子。实际上,汉语还有其他的非宾格动词也可以用于此类结构中,其分析的过程和"王冕死了父亲"是一样的,这里不再赘言。例如:

（18）a. 小明掉了两颗牙。

　　　 b. 他断了腿。

　　　 c. 他飞了一只鸽子。

　　　 d. 他没了老婆。

　　　 e. 张翠山瞎了眼睛。

　　　 f. 他瘸了一条腿。

　　此外,还有一类动词的句子从形式上看与"王冕死了父亲"的结构非常相似,但是其主语是无生命的名词短语。例如:

（19）a. 苹果坏了一半。

　　　 b. 这棵树长了许多叶子。

　　　 c. 他家来了两个客人。

　　　 d. 七号监狱跑了一个犯人。

　　显然,这里的主语是无生命的名词,不能理解为"经历者"。目前的研究基本上未对主语的类型进行区分。Hole 的研究对我们具有一定的启发性,他分析了相关句式并将这里的主语分析为地标(Landmark)。Hole 在分析德语的双宾结构时,借助于认知语言中图形(Figure)和背景(Background)的概念,提出了空间分析法。下面的德语①句子(20)中,与格宾语 dem Auto 是没有生命的,也就不能作为事件的体验者。具体来说,dem Auto 是事件的背景,die Tür 是事件的图形。此类句式可接受的前提就是涉及的两个名词短语必须处于一定的空间关系,即施用论元是被定位物体的背景。Hole 认为引介非核心论元的中心语是 Landmark②,其指示语引介"地标"的题元角色,如同 v 或 Voice 引介施事角色一样。

---

①Bosse(2016)对此类句子分析之后,指出了 Hole 分析的问题并提出了部分-整体施用结构(Part-whole applicative)。但她的分析也存在问题,最突出的就是语义组合性问题。Bosse 认为,动词和宾语虽进行句法合并,但是不必实施语义组合,这不符合句法-语义的同构性原则(Isomorphism)。

②Landmark 是认知语法术语,由 Langaker(1987)提出。

（20）Jan zerbeulte dem Auto die Tür.

　　　Jan dented the.Dat car the.Acc door

　　　"Jan dented the door of the car."

Hole认为下面的句子也是通过Landmark引介到句法结构中的。

（21）a. The ship tore one of its sails.

　　　b. The tree grew leaves.

Landmark的语义类型可以表示如下：

（22）[[Landmark]] =λxλs.s holds in a region of x

据此，也可以将汉语无生命的主语分析为事件的背景，宾语分析为图形。

（23）

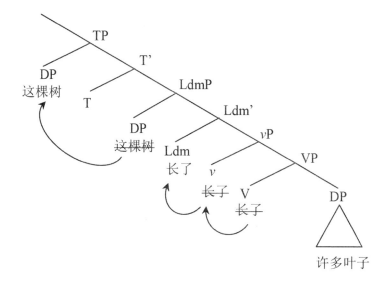

6.3　英汉致使结构

　　上述句子涉及的动词基本是非宾格动词，还有一类动词和非宾格动词的用法十分相似。

（24）a. The door opened.

　　　b. The vase broke.

　　　c. The plane landed.

文献中一般将致使动词称为作格动词,但是与非宾格动词不同的是此类动词还有及物用法和被动用法。例如:

(25) a. Jack opened the door.

　　b. The door was opened.

　　c. Tom broke the vase.

　　d. The vase was broken.

　　e. The pilot landed the plane.

　　f. The plane was landed.

非宾格动词不能用于被动结构。例如:

(26) a. *The sun was appeared.

　　b. *The plane was arrived.

　　c. *The event was happened.

作为句法语义范畴,"致使"是语言普遍现象。英汉致使结构中主语的选择具有不对称性。我们以汉语的"沉"和英语的"sink"为例。

(27) a. 他们沉了船。

　　b. They sank the boat.

　　c. 公司沉了船。

　　d. *The company sank the boat.

"他们沉了船"这句话中的主语可以有两种诠释,"他们"既可以理解为沉船事件的致使者,也可以理解为沉船事件的经历者;"They sank the boat."只能理解为沉船事件的致使者。"公司沉了船"中,"公司"经历了沉船这一事件,英语类似的句子则不合语法。同样,可以通过事件语义学对上述差异提供合理解释。当英语的sink用于致使结构时,句子由两个事件构成。仍以"They sank the boat."为例,存在一个施事为they的事件,该事件造成了船的沉没。

(28) $e = e_1 + e_2$　　$e_1 =$ "They did something."

　　$e_2 =$ "The boat sank."

根据Pylkkänen的观点,致使结构中含有功能语类Cause,Cause不能引导域外论元,其作用只是将致使事件引入句法结构,域外论元仍然通过 v 或 Voice 引介。Cause的语义类型表达如下:

（29）[[Cause]]=λf<s, t>.λe. (∃e') f(e') & CAUSE (e, e')

（30）

λe. (∃e') Sinking(e') & Theme (e', the boat)
& CAUSE (e, e') & Agent (e, they)

vP

DP
They

v' λ$_X$.λ$_e$ (∃e') Sinking(e') & Theme (e', the boat)
& CAUSE (e, e') & Agent (e, x)

v
λx.λe. Agent (e, x)

CauseP λe.(∃e') Sinking(e') & Theme (e', the boat)
& CAUSE (e, e')

Cause
λf<s, t>.λe. (∃e') f(e')
& CAUSE (e, e')

V' λe. Sinking(e) & Theme (e, the boat)

V
sank

DP
the boat

"他们沉了船。"这句话中，若将"他们"理解为沉船的施事者，其生成方式和英语"They sank the boat."是相同的。但是汉语中的"他们"还可以为沉船事件的经历者：存在一次沉船事件，"他们"是该事件的经历者。英语却没有类似用法。我们认为，这种差异仍然可以通过功能语类进行解释。汉语含有高位Appl投射，[Spec，ApplP]正好可以引导"经历者"的题元角色。与致使结构不同的是，此时句子不含致使事件，句法结构中也没有Cause投射，选择动词短语VP的轻动词不能引导域外论元。句法结构可以表示如下：

（31）

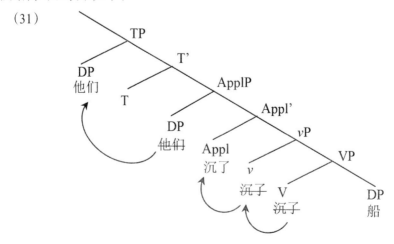

该句的句法推导过程为:动词和"船"合并,构成动词短语"沉了船"。动词短语VP被轻动词 v 选择, v 投射成 vP。 vP 不是语段,其补足语不能进行拼读。然后功能语类 Appl 进入句法运算,选择 vP 作为其补足语。"他们"在[Spec, ApplP]处得到允准,获得"经历者"的题元角色。动词经过两次中心语移位之后与 Appl 嫁接。T 和 C 进入句法运算之后,分别投射成 TP 和 CP。语段中心语 C 的一致特征被 T 继承,T 名词短语"船"进行远距离一致操作。T 的 EPP 特征使得"他们"移到[Spec, TP]处。

该句的语义组合过程如下:

[[DP]]=ιx.λy. [(boat)(x) & POSS(x,y)]

[[V]]=λx. λe. Sinking(e) &Theme(e, x)

[[VP]]=λe. Sinking(e) &Theme (e)=ιx.λy.[(boat)(x) & POSS(x,y)]

[[v]]= λf.f

[vP]=λe. Sinking(e) &Theme (e)=ιx.λy.[(boat)(x) & POSS(x,y)]

[[Appl]]= λP$_{<s,t>}$.λy.λe. P(e) & $\exists$ e'(exper)(e') & Exp(y)(e'): Source(e, e')

[[Appl']]= λy.λe. Sinking(e) & Theme(e)=ιx [(boat)(x) & POSS(x,y)]& $\exists$ e'(exper)(e') & Exp(y)(e')

[[ApplP]]=λe. Sinking(e) & Theme(e)=ιx[(boat)(x) & POSS(x,they)]& $\exists$ e'(exper)(e') & Exp(they)(e')

[[T]]=λP $\exists$ e[P(e) &Past(e)]

[[TP]]= $\exists$ e$_s$[Sinking(e) & Theme(e)=ιx [(boat)(x) & POSS(x,they)]&Past(e)]& $\exists$ e'(exper)(e') & Exp(they)(e')

从上述分析中可以发现,即使语音式完全相同的句子,其句法结构也可能会有很大差别,如致使结构和经历结构中主语的初始合并位置不同,在逻辑式中的语义诠释也会不同。致使结构中含有 Cause 投射,轻动词 v 引导域外论元;经历结构中含有 Appl 投射,轻动词 v 不能引导域外论元。致使结构中宾语已经处于饱和状态,因此"沉的船"并不一定就是主语所拥有的;经历结构中的宾语处于不饱和状态,需要领有者的题元角色。合并在[Spec, ApplP]处的名词短语具有双重题元功能:经历者和领有者。"他们沉了船。"和"王冕死了父亲。"都属于领主属宾结构,具有相同的句法结构和语义组合方式。

汉语中许多致使类动词有类似用法。下面的句子中,主语"张三"和"小明"等不能分析为施事者。

（32）a. 张三涨了工资。

b. 小明升了职。

c. 小明停了课。

d. 钟停了摆。

此外，我们需要对英汉语言之间的差别做出解释。英语中的主语只能是"致使者"而不能分析为"经历者"。功能语类的跨语言差异可以对此提供合理分析。英语中只有 Cause 投射和 v 投射，Cause 不能引导论元。当 v 选择 CauseP 时，其域外论元只能表示致使事件的施事者。表示"经历者"的论元需要通过功能语类 Appl 引导，但是英语中 vP 投射之上缺乏功能投射 ApplP，表示"经历者"的论元也就无法得到允准。

6.4 小结

以"王冕死了父亲"为典型代表的领主属宾句一直是语言学界研究的重点和热点。随着研究的不断深入，围绕该句式的争论还会持续下去。本章在最简方案框架中探讨了领主属宾句及相关句式的句法结构和事件语义。从论元结构看，"死"和"die"没有本质差异，它们都是一元非宾格动词，只携带域内论元。而汉语之所以可以额外增加一个非核心论元，因为汉语存在允准非核心论元的功能语类 Appl；而英语没有相应的 Appl 投射，也就无法生成该类句式。从事件语义的角度来看，"王冕死了父亲"包含两个事件：王冕经历的事件和"父亲死了"的事件。这种分析方案还可以拓展到致使动词引导的非核心论元结构。我们的分析将语言间的差异归结于功能语类，完全符合最简方案的研究趋势。本章将最简方案和事件语义学结合起来对领主属宾句进行研究，也是初步的尝试。

第七章
"把"字句和被动句

"把"字句和被动句是现代汉语的特殊句式,在语法研究中占据十分重要的地位,二者通常会放在一起进行研究。表面上看来,"把"字句和被动句的构成比较简单,但如果对更多的语料进行考察,就会发现它们的构成和使用十分复杂。早期的学者主要从结构和意义方面对相关句式进行研究,具有一定的描写充分性,但未能从现代语言学的理论角度进行深入分析,缺乏解释充分性。但是随着认知语言学和生成语言学在国内的迅猛发展,越来越多的学者提出了探索性的分析方案。本章将介绍生成语法框架下"把"字句和被动句的典型研究,并在最简方案和事件语义学框架下提出这两种句式合理的分析分案。

7.1 "把"字句

7.1.1 概述

"把"字句(Ba Construction)①作为一种典型的汉语句式,在现代汉语中的使用频率较高,历来是对外汉语教学的重点和难点,但在英语和其他印欧语言中很难找到与其完全一致的对等结构。从语言演化的角度来看,"把"是从动词变化而来的。现代汉语中仍然可以找到"把"的动词用法,例如"把着手教"中的"把"字。"把"字结构最凸显的特征就是动词前含有"把"字成分,例如:

(1) a. 他把水喝完了。

 b. 他把我的花瓶摔坏了。

---

①有时,"把"字还可以用"将"字代替。但是它们的使用频率、语体色彩和使用范围均有差异。本章只涉及"把"字句的结构和推导问题。

c. 台风把树刮倒了。

我们可以将"把"字句的结构抽象为：名词$_1$+ 把+名词$_2$+动词+其他成分。一般而言，动词对其后的名词做出了处置，使其位置或状态发生改变，因此在文献中此类句式也被称为"处置式"。总体而言，"把"字句具有如下特征：

①动词不能为光杆动词。"把"字句中的谓词性成分通常是个复杂的结构，不能由单个动词充当。

②"把"字句中的"把"后成分与非"把"字句的宾语有某种联系。黎锦熙（1924）首创"提宾"说，认为"把"的功能是把原先处于动词后的宾语提到动词之前。

③"把"字后的名词短语通常是有定的，名词的指称能够从语境中识别出来。

7.1.2 研究回顾

众多学者对"把"字句进行了大量开创性的研究，使我们对这一句型本质的认识不断深化。关于新时期"把"字句的研究，张明辉、白兰（2013）给了比较全面的综述，这里不再赘述。本章主要回顾生成语法框架下的一些经典研究。管约论时期学者就开始关注"把"字句，到了最简方案时期研究得到进一步拓展。随着理论自身的发展，"把"字句的分析细节也出现一定程度的差异，有的分析甚至具有不可忽视的问题。尽管如此，生成句法仍为我们分析这一汉语特殊句式提供了一个崭新的视角，是对传统语法研究的有益补充。正是在发现、分析与解决问题的过程中，汉语特殊句式研究得到了进一步发展，涌现了大量的"把"字句研究，这里介绍一些相关的典型研究。

1.管约论时期

管约论时期也被称为原则与参数阶段，是生成语法研究的一次重大概念转移（Conceptual Shift）。生成语法从标准理论时期的规则系统过渡到了原则系统，研究语料范围不断扩大，几乎包含了所有不同类型的语言。生成语法也被应用到汉语的相关句式的研究，如"把"字句（黄正德，1982；李艳慧，1990）。

黄正德（1982）的研究在汉语生成语法的发展过程中占据极其重要的地位，他开创性地提出了汉语的短语结构规则：汉语在短语扩展的最低层次上使用中心语在前的规则；在其他层次上则使用中心语在后的规则；动词短语不能使用中心语在后的规则。他从这一结构限制分析了汉语的"把"字句，如：他把五个苹果吃了两个。"把"

字后的动词已经有了另一个宾语,"把"字短语是其后动宾结构的逻辑宾语。动词直接将题元角色分派给其后的宾语,该动宾短语组合起来将受事题元角色分派给"把"后的名词短语,显然该结构违反了汉语的短语结构限制。V'和 VP 的中心语同时位于补足语的左侧,外宾语必须从中心语之后的位置移出。如果移到动词前面,就会违反格鉴别式(Case Filter),此时介词"把"字的插入正好满足格鉴别式的需求。李艳慧(1990)对汉语的"把"字句进行了进一步的研究。她认为,"把"是一个基础生成的介词。汉语必须通过格鉴别式的检验,若无其他原则如格鉴别式的需求,汉语是中心语居后语言。汉语题元角色的分派方向是从右向左,格分派的方向是从左向右。

作为较早的"把"字句生成语法研究,黄正德和李艳慧的研究无疑是十分重要的,为后续研究奠定了良好的基础,但相关分析是在管约论框架下进行的,一些核心概念在最简方案中不再使用。此外,分析仍然具有不可回避的问题。例如,黄正德的分析不能揭示"把"字句和非"把"字句之间的语义差别,也很难解释无保留宾语时"把"字句的生成过程。李艳慧的分析中也存在不可忽视的问题。比如,为什么有的语言题元角色和格的分派方向相同,有的语言却相反?而且,宾语从动词前下降到动词后时,违反了空语类原则。

2.最简方案时期

到了20世纪90年代,生成语法进一步发展到最简方案阶段,最简方案将语言之间的差异归结于功能语类。众多语言研究者关注的焦点在于能否在最简方案框架下对"把"字句提供合理解释。一种分析认为"把"字是轻动词 v 的语音外化;还有一种分析认为"把"字本身具有独立的功能投射 baP。

第一,作为轻动词 v 的语音实现的"把"。

程工(1999)认为汉语"把"字句是广义转换的一种。广义转换是指从词库里另选一个词项并嵌入表征中的推导方式。用于广义转换的填充词是在推导过程中添加到句子中的,特点是:第一,它们是单音节的,只具有句法功能;第二,它们不能有任何词缀附着;第三,它们一般不可以单独回答问题。在"把"字句的推导中,受事宾语和主动词都没有显性移位,"把"字是在推导过程中被嵌入句子中的。

郭佩蓉(2010)认为"把"是虚化动词,在句法结构中插在轻动词的位置。她根据 John Bowers(2002)提出的及物投射(Transitivity Projection)分析了汉语的"把"字句。同时,有许多证据表明在轻动词投射和主动词投射之间还要有一个功能投射为

"把"后名词短语提供句法位置,这个功能投射就是及物投射 TrP,Tr 具有 EPP 特征。[Spec,TrP]处的成分可以由动词的宾语移位而来,也可以基础生成。她提出的"把"字句中及物投射能解释"把"字句的许多特点,更符合汉语的实际情况。此外,她将及物投射应用到汉语的"被"字句研究,旨在证明及物投射是广泛存在的。

第二,作为独立的功能语类投射的"把"。

Sybesma(1992,1999)认为"把"有指示语和补足语,是一个表示致使意义的使役动词,在句法结构中投射成 Cause,类似于汉语的"使""让"等动词。Sybesma 认为,"把"字句是抽象意义上的使役句。同时,"把"字后的动词短语缺少域外论元,与 Cause 有语义关联,句子主语具有使役者的题元角色,而与动词短语没有直接语义关系。CauseP 的中心语的语音实现有两种方式:通过插入"把"字,或通过动词移位。插入"把"字生成的句型就是我们熟悉的"把"字句。在这一过程中,由于"把"字句中"把"的作用仅仅是事件结构中 CausP 的中心语的语音实现,没有其他特别含义,所以"把"字句和其相应的非"把"字句具有相同的语义解释。

Yan Ling(2004)对"把"字句各种结构的生成进行了统一的解释。"把"字句中的动词具有明显的体特征,假设在句法结构投射中,有功能短语 AspP。根据最简方案的基本精神,动词移位到 AspP 的中心语位置来核查相关特征。由于"把"字句中的名词短语具有定指或特指的解读,进一步假设存在功能短语 BaP,该短语以"把"为中心进行投射。"把"具有不可诠释的形式特征,无法在其基础生成位置得到允准。"把"和其补足语一起并移到 AspP 的指示语位置核查其定指或特指特征。但其中分析也面临一定的问题。首先,在乔姆斯基的轻动词理论中,需要将句子的动词提升到 v 处核查 v 具有的词缀特征,但是相关分析中 v 是一个空动词,没有任何其他动词移到该位置。其次,"把"字与其后名词短语构成一个短语,既然作为一个短语,为什么不能作为一个整体移到句子的其他位置?

李艳慧(2006)对"把"字句进行了重新梳理。有时"把"似乎有自己的最大投射,选择最大语类作为其补足语,类似于乔姆斯基讨论的 vP 结构(Chomsky,1995)。当"把"出现在动词 v 的位置,动词在 V 的位置,生成的句子就是"把"字句;如果"把"没有出现在 v 的位置,动词提升到 v 的位置,生成的句子就是非"把"字句。换言之,"把"就是轻动词 v 的拼读。虽然该分析能够解释"把"字句的许多属性,但是当句子出现状语时,该分析便会遇到不可回避的问题。例如,"把"字句中方式状语比较灵

活,既可以出现在"把"字之前,也可出现在"把"字之后。例如:

（2）a. 我小心地把杯子拿给他。

　　　b. 我把杯子小心地拿给他。

方式状语嫁接在 V' 处或 vP 之上的某个位置。如果非"把"字句中动词提升到 v 位置,就不能合理解释下面的差异。

（3）a. 我小心地拿杯子给他。

　　　b. *我拿杯子小心地给他。

这些语言事实表明"把"的位置必须高于动词的位置,可以认为"把"字句中存在独立功能投射 BaP,非"把"字句只投射到 vP 层。

在分析过程中,我们可以看出,在生成语法框架下学者们对"把"字句中"把"的认识发生了明显变化。早期黄正德和李艳慧将"把"视为介词或赋格词,主要目的是要让相关名词短语通过格鉴别式的检验。随着生成语法发展到最简方案时期,语言的变异被限定在功能语类的相关特征。在这一背景下,学者们重新分析了"把"字句,虽然技术细节有所差别,大体认为"把"字句中的"把"字是功能语类的一种。"把"要么本身具有最大投射,要么是轻动词 v 的语音实现;"把"字句中名词短语的移位是相关形式特征诱发的。这些分析完全符合最简方案关于语言变异的基本精神。相关分析中主要关注"把"字句的句法推导,大多数研究没有对"把"字句进行语义分析。张明辉和白兰(2013)指出:通过引进新的理论去阐释"把"字句语义的文章比较少,能够另辟蹊径、突破传统观点深入阐释"把"字句语义的文章则更是少之又少,且仅有的语义研究很少能做到一针见血地触碰到"把"字句的语义内核。针对这一现象,我们尝试在最简方案框架下,结合事件语义学进一步分析"把"字句的句法和语义结构。

7.1.3　句法推导和形式语义分析

在数百年的使用过程中,"把"字句已经衍生出了多种不同的结构,这里首先分析最常见的一种,例如:

（4）a. 张三把李四打伤了。

　　　b. 他把作业做完了。

"把"字句中,动词之前还可以加上"给"字,意义基本保持不变。

（5）a. 张三把李四给打伤了。

　　b. 他把作业给做完了。

此类"把"字句中，"把"后名词短语和动词具有某种语义的关联。通常认为，名词短语是动词的受事宾语。

首先，需要解决的是"把"字句的词性问题。虽然从历时的视角来看，"把"字是从其动词用法演变而来，但现代汉语的"把"字句中"把"字已经不再具有动词的特征。此外，将"把"字处理为介词也同样面临一定的挑战。通常介词短语在句子的位置相对灵活，既可以出现在句中，也可以出现在句首，而"把"字只能出现在主要动词前面，不能作为一个整体移到句子的其他位置。鉴于此，我们认同大多数生成语法研究者的观点，将"把"视为功能语类 Cause 的中心语。关于"把"字句的意义，我们采纳叶向阳（2004）的观点，其基本意义是"致使"，致使情景由致使事件（Causing Event）和被使事件（Caused Event）构成。Cause 首先和描述被使事件的动词合并，然后 Voice 将域外论元和 Cause 引介的致使事件联系起来。"把"作为填充词，插入CauseP 的中心语位置。

"把"字句中含有功能投射 ApplP。有证据表明"把"后名词短语的位置高于VP。通常认为方式状语嫁接在 vP 或 VP 处。"把"字句中，方式状语可以出现在动词之前，表明"把"后名词短语位置高于 VP。此外，"给"也可以插到"把"字句中而不改变语义，但也不能认为"把"字和其后名词短语构成一个成分，因为它们不能作为一个整体进行移位。假设功能语类 Appl 既符合"把"字句的语义特征，也符合"把"字句的结构特征。这样"把"字句中的动词层的扩展投射可以如下图表示：

（6）

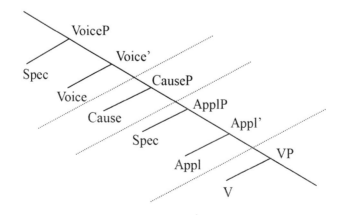

(7) a. 张三把李四打伤了。

    b.

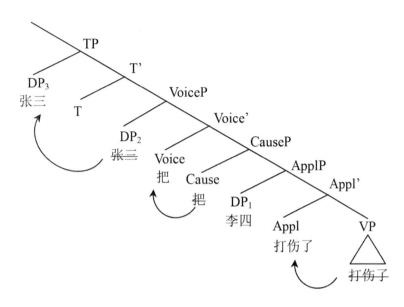

该句的句法生成方式如下：

    首先，动词短语VP"打伤了"与Appl合并，投射成ApplP。"打伤了"在其基础位置处于未饱和状态(Unsaturated State)，因为它需要一个表示"受事"的域内论元。处于[Spec，ApplP]处的名词短语具有双重角色，既具有[+Affectedness]的题元角色，同时也具有[+Patient]的题元角色。合并在[Spec，Appl]处的"李四"既是事件的"受影响者"，也是事件的"受事者"。"李四"具有不可诠释的格特征，通过与Appl的一致关系获得"与格"的值。中心语Appl具有的词缀特征促使"打伤了"上移与其嫁接。接着运算继续进行，Cause与ApplP合并，投射成CauseP。Cause没有引入事件参与者，它在句法中的作用是引入一个致使事件。"把"是中心语Cause的语音实现形式，它的出现阻断了"打伤了"的进一步移位。Voice与CauseP合并投射成VoiceP，"张三"合并在[Spec，VoiceP]处，获得"施事"的题元角色。中心语Voice具有词缀特征促使"把"上移与其嫁接。最后，时态短语T进入句法合并，"张三"从T处获得"主格"的值，并移到[Spec，TP]处核查TP的EPP特征。

    该句法分析可以较好地捕捉"把"字句的相关语义特征，还有一个额外的好处就是可以比较容易地为有的"把"字句中"给"提供一个句法位置，如该例还可以说成：

"张三把李四给打伤了。"如果上述分析合理的话，"给"字可以被认为是 ApplP 的中心语 Appl 的语音实现。"给"字的存在就阻止了其补足语中中心语的移位。

上述分析也能较好地解释"把"字句中方式状语的句法位置。如在上述例句中方式状语"认真地"可以出现的位置有：

(8) a. 小明<u>认真地</u>把作业做了。

　　b. 小明把作业<u>认真地</u>做了。

　　c. 小明把作业<u>认真地</u>给做了。

　　d. 小明把作业给<u>认真地</u>做了。

分析中将"把"字句看成功能语类 Cause 的中心语，在句法运算中没有和"把"后的名词短语构成一个成分，这也解释了为什么"把"字和其后成分不能作为一个整体进行移位。

(7)的语义推导过程如下所示：

[[VP]]=[[打伤了]]= $\lambda x.\lambda e.$Hurting(e) & Theme (e, x)

[[Appl]]= $\lambda x.\lambda e.$[Affected(x) (e)]

[[Appl']]= $\lambda x.\lambda e.$[Affected (e, x)] & Hurting(e) & Theme (e, x)

[[DP$_1$]]=Li Si

[[ApplP]]= $\lambda e.$[Affected (e, Li Si)] & Hurting(e) & Theme (e, Li Si)

[[Cause]]=[[BA]]= [[Cause]]=$\lambda f_{<s, t>}.\lambda e.$ ($\exists$ e') f(e') & CAUSE (e, e')

[[CauseP]]= $\lambda e.$($\exists$ e') [Affected (e', Li Si)] & Hurting(e') & Theme (e', Li Si)& CAUSE (e, e')

[[Voice]]= $\lambda x.\lambda e.$ Agent (e, x)

[[Voice']]= $\lambda x.\lambda e.$($\exists$ e') [Affected (e', Li Si)] & Hurting(e') & Theme (e', Li Si) & CAUSE (e, e') &Agent (e, x)

[[DP$_2$]]=Zhang San

[[VoiceP]] = $\lambda e.$($\exists$ e') [Affected (e', Li Si)] & Hurting(e') & Theme (e', Li Si) & CAUSE (e, e') & Agent (e, Zhang San)

[[T]]= $\lambda P_{<s,t>}\exists e[P(e)$ & Past(e)]

[[TP]]= $\exists$ e.($\exists$ e') [Affected (e', Li Si)] & Hurting(e') & Theme (e', Li Si) & CAUSE (e, e') & Agent (e, Zhang San) & Past(e)

上述分析同样可以拓展到复杂"把"字句的分析。例如,"张三把李四打伤了手"。从语义来看,该句的"李四"同样具有双重功能,一方面,"李四"是受影响的对象;另一方面,"李四"是"手"的领有者。句法生成方式如下所示:

(9)

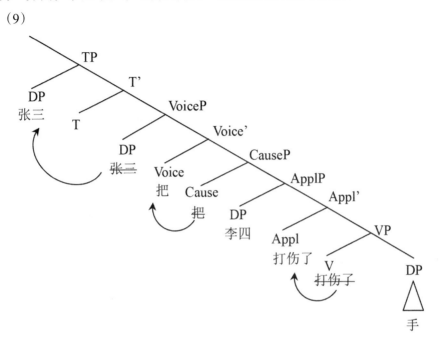

　　首先,动词 V 与 DP 合并,投射成 VP"打伤了手"。"手"满足了动词域内论元的需求,但是名词短语本身处于未饱和状态,其内部"领有者"题元角色没有得到满足。短语 VP"打伤了手"与 Appl 合并,投射成 ApplP。合并在[Spec, Appl]处的"李四"具有双重角色:它既是事件的"受影响者",也是名词短语的"领有者"。"李四"具有不可诠释的格特征,通过与 Appl 的一致关系获得"与格"的值。中心语 Appl 具有的词缀特征促使"打伤了"上移与其嫁接。接下来的步骤与"张三把李四打伤了"的生成方式一致,Cause、Voice 和 T 进入句法运算,分别投射成 CauseP、VoiceP 和 TP。"手"通过远距离一致从 Voice 处获得宾格的值。"张三"从 T 处获得"主格"的值,并移到[Spec, TP]处核查 TP 的 EPP 特征。

语义推导过程如下所示：

$[[V]]=[[打伤了]]= \lambda x.\lambda e.$ Hurting(e) & Theme (e, x)

$[[DP]]= \lambda y.\ \iota x.$POSS(x,y) & Hand (x)

$[[VP]]= \lambda y.\lambda e.$Hurting(e) & Theme (e, $\iota x.$POSS(x,y) & Hand (x))

$[[Appl]]= \lambda x.\lambda e.$[Affected(x) (e)]

$[[Appl']]=\lambda y.\lambda e.$[Affected(e,x)] & Hurting(e) & Theme (e, $\iota x.$POSS(x,y) & Hand(x))

$[[DP_1]]=$Li Si

$[[ApplP]]= \lambda e.$[Affected (e, Li Si)] & Hurting(e) & Theme (e, $\iota x.$POSS(x, Li Si) & Hand (x))

$[[Cause]]=[[BA]]=\lambda f_{<s, t>}.\lambda e.$ ($\exists e'$) f(e') & CAUSE (e, e')

$[[CauseP]]= \lambda e.$($\exists e'$) [Affected (e', Li Si)] & Hurting(e') & Theme (e', $\iota x.$POSS (x, Li Si) & Hand (x)) & CAUSE (e, e')

$[[Voice]]= \lambda x.\lambda e.$ Agent (e, x)

$[[Voice']]= \lambda x.\lambda e.$($\exists e'$) [Affected (e', Li Si)] & Hurting(e') & Theme (e', $\iota x.$POSS(x, Li Si) & Hand (x)) & CAUSE (e, e') & Agent (e, x)

$[[DP_2]]=$Zhang San

$[[VoiceP]] = \lambda e.$($\exists e'$) [Affected (e', Li Si)] & Hurting(e') & Theme (e', $\iota x.$POSS (x, Li Si) & Hand (x)) & CAUSE (e, e') & Agent (e, Zhang San)

$[[T]]= \lambda P_{<s, t>}\ \exists e[P(e)$ & Past(e)]

$[[TP]]= \exists e.$($\exists e'$) [Affected (e', Li Si)] & Hurting(e') & Theme (e', $\iota x.$POSS(x, Li Si) & Hand (x))& CAUSE (e, e') & Agent (e, Zhang San) & Past(e)

上述"把"字句中，"把"后的名词短语是动作影响的对象，句子的分析方法不能拓展到下面的结构：

（10）a. 他把壁炉生了火。

　　　b. 小明把桌子堆满了书。

　　　c. 张三把水浇了花。

　　　d. 他把橘子剥了皮。

　　　e. 他把这个故事写了一本书。

我们接受Hole（2006）对此类句式的看法，此类"把"字句中的名词短语是句子的非核心论元,是通过地标引入句法结构中的。只有当该论元和动词后的论元构成图形或背景关系时,句子才合乎语法。从某种意义上来说,"地标"的作用与"受影响者"相似,它们都是参照点,前者是方位参照点,后者是心理参照点。"地标"中心语的语义类型见第六章。

（11）

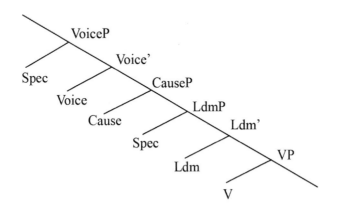

7.2 被动句

7.2.1 概述

被动句(Bei Construction；Passive Construction)是现代汉语中一种比较常见的句式,一直是语言学界研究的热点和重点。被动句意义十分宽泛,它表示的是一种被动的语义关系,包括有标记的被动句和无标记的被动句;狭义的"被"字句专指谓语部分用"被"来表示被动语义关系的句子。一般文献中通常使用的被动句是指广义上的"被"字句,即谓语部分使用被动标记"被""叫""让""给"来表示被动语义关系的句子。被动句具有如下的特征:①被动句通常含有"不幸""不愉快"等语义特征[①];②被动句中的动词通常不能是光杆动词;③主语所表示的受事必须是有定的。

---

①当然,这只是倾向性的说法。现代汉语被动句的使用逐渐受到英语的影响,有时并不表示"不愉快"的语义特征。例如,张三被表扬了两次。

生成语法中被动句的分类方式有多种，主要如下：

第一，直接被动句（Direct Passive）和间接被动句（Indirect Passive）。主要看主语和动词的关系：直接被动句的主语是动作的直接承受者；间接被动句的主语不是动作的直接承受者，而是间接地受到影响。

（12）a. 小红被批评了。

　　　b. 李四被偷了一台笔记本电脑。

第二，长被动句（Long Passive）和短被动句（Short Passive）。主要看句子有没有施事成分：当它们后面带施事时构成长被动句；不带施事而直接附加在动词前时则构成短被动句。

（13）a. 教室被我们打扫了。

　　　b. 这本字典被借走了。

第三，空缺被动句（Gapped Passive）和无空缺被动句（Gapless Passive）。主要看动词后是否有空缺：空缺被动句中含有一个名词短语经过移位之后形成的语迹；无空缺被动句则不涉及成分的移位。

（14）a. 李四被骂了。

　　　b. 王五被小红哭了两天。

7.2.2　研究回顾

生成语法框架下被动句的研究起步较早，在经典理论时期学者就开始对其进行探索，并逐渐形成了两种截然不同的观点。一种观点认为"被"字是一个带分句的动词，其宾语因与"被"字句主语相同而被删除（Hashimoto, 1969）；另一种观点认为汉语的被动句和英语的被动句具有完全相同的生成方式，都是通过名词短语移位而来。在底层结构中名词短语处于动词的宾语位置，通过移位转换规则在表层结构中移到主语的位置（Wang, 1970）。两种观点在管约论中都有各自的支持者，支持动词说的有 Hashimoto（1987）、魏培泉（1994）等；支持移位说的有 Travis（1984）、Koopman（1984）和 Li（1985，1990）等。

1.管约论时期的研究

管约论时期，众多学者加入了被动句研究的队伍，产生了一大批颇具影响的学术成果。

郑礼珊(1987)对汉语的被动标记进行了质疑,认为汉语缺乏其他语言中的被动语素,不存在句法上的被动结构,"被"不是被动标记,而是遭受标记。她采纳 Higginbotham(1985)的观点,认为题元角色必须得到释放。题元角色有三种释放的办法:题元标记(Theta-marking)、题元约束(Theta-binding)和题元识别(Theta-identification)。在题元识别中,当两个题元角色相同时,其中的一个释放另一个题元角色。"被"题元标记其后名词短语。由于"被"后的名词短语总是动作的执行者,所以"被"认为是给其后的名词短语指派"施事"的题元角色。最后,通过与"被"的施事进行题元识别,动词的"施事"题元角色得到释放。

冯胜利(1997)认为,汉语的被动句类似于英语的"硬移位"(Tough Movement),因此,汉语中的被动句和英语中的被动句具有完全不同的生成方式。在 Chomsky(1981)对"硬移位"的分析中,主句的形容词选择一个嵌套句,这个嵌套句中含有一个空算子(Null Operator),从宾语的位置移到嵌套句的指示语位置。如果采取"硬移位"分析法,汉语被动句中"被"选择一个嵌套句,嵌套句中的宾语位置本来是一个空算子,该空算子进行移位,在表层结构中嫁接在 IP 处,并且受到距离最近的论元约束。

徐杰(1999)认为,被动句实际上并没有独立的句法地位,只是一些普遍语法的原则和具体的词汇特征相互作用的结果。他分析了"领主属宾"句和"保留宾语"被动句,认为它们的推导过程都运用了"领有名词移位"这一简单明了的语法原则。简而言之就是领有名词短语从深层结构中宾语的定语位置移至全句的主语位置。例如:

(15) a. 李四的一个钱包被偷了。

　　 b. 李四被偷了一个手机。

被动句的表层主语在深层结构中处于动词的宾语位置,获得受事题元角色。"李四"和"一个钱包"之间具有领属关系。"偷"虽然是二元谓词,是典型的及物动词,但被动化之后丧失了指派宾格的能力。要满足格过滤式,有两种选择:①整个名词性的成分移位到主语的位置获得主格;②把领有名词和隶属名词分离,"李四"移位到主语位置获得主格,留在原位的"一个钱包"获得"部分格"(Partitive Case)。

黄正德(1999)认为短被动句不是由长被动句经过主语删略而生成的。"被"选择一个动词短语作为其补足语,动词短语内的空宾语是一个没有语音形式的 PRO,在动词短语内进行论元移位，移到[Spec，VP]的位置，并且受到离其最近的论元控制。长短被动句的差别归结为"被"字的次范畴化差异。

从被动句在管约论阶段的研究可以看出，随着研究不断推进，研究者不再将汉语的被动句与英语的被动句进行类比，而是将汉语被动句看成遵守普遍语法"原则"的"变异"。这不仅为我们探索语言共性提供了参照，而且也为最简方案框架下的研究提供了坚实的基础。当然，分析也不免存在一定的问题。例如，徐杰分析采用的"部分格"则是类比其他语言分析的结果，在汉语中缺乏足够的形态证据。"被"字选择的 IP 成分并不具备句子的一般特征，如不能否定、不能受到情态动词和句子副词的限定等。此外，短被动句中虽然"被"选择 VP，但是大代词 PRO 从动词的补足语位置移到其指示语位置时，违背了反局部假设（Anti-locality Hypothesis）。

2.最简方案时期的研究

生成语法发展到最简方案阶段是20世纪90年代，这个阶段最简方案将功能语类的研究提升到了前所未有的高度，语言间的变异只局限于功能语类的形式特征。在新的框架下，汉语的被动句出现了大量有益的探索研究，而且许多汉语研究者直接参与了被动句的句法结构探讨。研究者主要通过功能语类研究汉语的被动句。

第一，"被"作为功能语类 v 的语音实现。

吴庚堂（1999）认为"被"字成分可以被分析为次动词 v，承担辅助其他VP的作用。例如，"小张被小李打了。"这句话中，"打了"不能给"小张"赋格，"小张"移位到句子的主语位置，"小李"从"被"获得宾格，从动词"打"获得"施事"的题元角色。"小李"和"小张"都处于动词的最小语域（Minimal Domain）内，因此"小张"的移位同样合乎语法，并不违反最小链接条件（Minimal Link Condition）。下面两句的生成必定存在中间结构。

（16）a. 水被他浇了花。

b. 花被他浇了水。

该结构中含有一个VP-壳，最下层中心语经历中心语移位，移至中间的动词位置，从而管辖两个名词成分，即"水"或"花"。但是其中一个受词管辖的成分没有格，需要通过移位的方式移到句子的主语处，获得相应的格。吴庚堂（2000）将此分析拓展到其他结构的被动式。他通过被动化理论建立了汉语被动化模型,开创了国内学者参与生成语法理论建构的先河。这种探索性的分析方案的可行性仍需要进一步验证,一些分析细节仍然有待讨论。例如,中心语不能给其宾语赋格但却能给其指示语域外题元角色,这违反了布尔兹欧定律。此外,不完全格吸收的观点对格吸收对象的决定存在任意性,如果不从句法上加以限制,便会生成许多不合语法的句式。

熊仲儒(2003)在语段框架下系统分析了汉语被动结构的一系列问题,包括保留宾语问题、接应代词问题、长短被动句的生成问题等。他认为,"被"字是φ特征不完整轻动词 v 的具体语音实现,选择具有完整φ特征的轻动词 v^* 作为其补足语,进而 v^* 再选择一个动词短语 VP 作为其补足语,即 vP - v^*P - VP 的层级结构。

(17) a. 张三被李四打了一下。

b. 张三被打了一下。

c. 张三被李四打了他一下。

"张三"和"李四"分别合并于[Spec, VP]和[Spec, v^*P]处。"张三"和 v^* 的特征相互匹配且遵守局部性条件,"张三"的不可诠释的宾格特征和 v^* 不可诠释的φ特征被删除,同时, v 的EPP特征使得"张三"移到[Spec, vP]位置。最后"张三"移到[Spec, TP]的位置,核查T的EPP特征。T的φ特征和论元"李四"的特征相互匹配,从而删除不可诠释特征。汉语被动句中,受事名词抽象格为宾格但作主语,而施事名词虽为主格但不作主语。因而,长被动句和短被动句的差异主要在于域外论元的语音实现方式不同。有显性语音形式可以留显性语迹(接应代词),有隐性语音形式时则留隐性语迹。

曹道根(2008, 2009)在原则和参数框架下,构建了一个符合普遍语法原则的现代汉语被动结构生成模型。分析被动句时,他提出了如下的核心假设:①根据被动句的认知语义特点,设立空动词V;②根据被动句的典型状态事件观以及汉语被动句的"强描述性、弱叙述性"的特点,设立汉语零形式被动语素;③设立汉语功能语类Bei,Bei是功能语类 v 在汉语中的变体形式。这一分析将形式语言学与功能、认知研究紧密相结合,弥补了形式分析在语义研究方面的不足,是被动句研究的一大进步。但作者同时指出,该分析只是对汉语被动句的生成尝试提出了一些解决方案,其中的论证和结论还需要通过更多的语言事实来检验。"空动词"这一关键性的句法假设,需要从句法上寻找独立的证据。

第二，"被"作为独立的功能语类。

李红梅(2004)认为"被"是现代汉语独特的功能语类，投射成最大语类BeiP，具有"被动性"的语法功能，功能语类Bei选择vP作为其补足语。该分析既承认"被"是功能语类，又强调"被"与轻动词v的特征差异，完全符合最简方案将语言的变异局限于功能语类的思想。核心功能语类的结构特征导致了长短被动句的形式差异。在短被动句的句法运算中，词汇序列中不含多余词项，v的结构特征也不要求域外论元和额外指示语，因而不必实施合并和移位等句法操作。不难发现，李红梅对长被动句的分析和熊仲儒的分析比较相似，只不过他们所用的语类标记不同，前者直接用Bei来表示，后者认为"被"是轻动词v的语音实现。

谭晓平(2005)同样认为，"被"是功能语类Bei，其强被动特征需要一个被动对象处于[Spec，BeiP]处。"被"选择及物结构vP，被动句是通过移位生成的。谭晓平认为长短被动句具有一致的生成方式和同样的底层结构，而且该分析思路还可以拓展到保留宾语被动句和接应代词被动句。

第三，其他观点。

邓思颖(2004)通过"作格化"(Ergativization)的概念提出了被动句推导的统一句法机制。他具体分析了直接长被动句、直接短被动句、间接长被动句和间接短被动句。"作格化"的过程就是让动词从及物动词变成不及物动词的句法过程。例句如下：

(18) a. 张三被土匪杀了。

　　　b. 张三被杀了。

　　　c. 张三被土匪杀了父亲。

　　　d. 张三被杀了父亲。

邓思颖认为上述句式都是通过作格化过程推导生成的。汉语中存在两种策略使受事宾语作格化：宾语移位和宾语原位。宾语移位中，由于名词短语要获得相应的格，作格化后宾语不能从动词处获得格，只能移位到主语的位置获得主格。宾语原位中，作格化后动词不能给宾语赋予宾格，但是可以指派部分格。作格化谓语必须有一个主语，该主语可以由除了施事的任何一种题元角色充当。

石定栩、胡建华(2005)认为，为被动句设立的结构形式，既要考虑长短被动句之间可能出现的结构关系，还要考虑到如何解释诸如介词悬空、兼语删除、"被"后的地点状语、远距离被动句以及主语指向的状语等现象。他们提出了双"被"结构，认为被动句实际上包含两个"被",即被₁和被₂,前者是被动标记,后者是介词。被动句必须含有被₁,否则就无法表示被动意义。被₁有最大投射,选择动词短语作为其补足语;被₂引介施事,在句中充当状语。长被动句中两个"被"相邻,通过同音删略规则去除一个,或者两者合二为一,导致表面只有一个"被"字。

邓昊熙(2013)在最简方案的基本理念下,提出将被动结构中的"被"字分析为带有[+F, +N, +V]特征的功能语类,并据此具体分析了汉语的长短被动句。长短被动句的差异根源可以归结为"被"选择的轻动词的差异:长被动句中,"被"选择的是具有完整φ-特征的 v;短被动句中,"被"选择的是具有不完整φ-特征的 v。轻动词的特征差异导致了长短被动句的结构差异。他的文章主要从语段思想出发讨论汉语被动结构的句法属性问题,并未过多涉及语义问题。

马志刚、宋雅丽(2015)回顾了传统的管约论中被动句分析的缺陷,基于语段理论提出了汉语被动句的焦点分析法。他们认为汉语的长短被动句中均缺乏主语,句首的名词性短语最好分析为非论元成分,可以执行跨语段的非论元移位,其非论元属性来自汉语属于主语非突出性语言的类型学特征。

综上,我们回顾了被动句的生成句法典型研究,可以发现研究者对汉语被动句的认识前后发生了明显的变化,这种变化与生成语法理论本身的发展直接相关。早期由于认识上的局限,许多学者将英语被动句的句法分析直接套用到汉语的相关分析之中。到了管约论时期,学者们充分考虑了汉语被动句自身的许多特点,并尝试运用普遍语法的一般原则对其分析,取得了实质性的进展。在最简方案时期,语言的变异局限于功能语类,学者们重新分析了该句式。虽然分析的技术细节千差万别,但基本都认可"被"是功能语类的一种,要么本身投射成最大语类 BeiP,要么是轻动词 v 在汉语中的具体语音实现。和"把"字句的研究一样,相关分析中主要关注"被"字句的句法推导问题,很少关注"被"字句的形式语义分析,而且现有文献中很少探讨"把"字和"被"字连用时的句法推导。鉴于此,我们将在最简方案和事件语义学框架下进一步分析"被"字句的句法和语义结构。

7.2.3 句法推导和形式语义分析

虽然生成语法框架下出现了众多的被动句的分析方法,大大深化了我们对被动句本质的认识,但由于被动句本身极其复杂,目前的分析都是从某个具体角度考察被动句，很难解释所有与被动句相关的句法现象。此外，还缺乏从事件语义学的角度对被动句进行形式分析的研究。我们的分析基于如下基本观点。

第一，"被"是现代汉语的功能语类，选择 VoiceP 作为其补足语。"被"是由动词经过语法化转变而来的功能语类，具有最大投射 BeiP。名词短语移到[Spec，BeiP]处，满足 BeiP 的 EPP 特征。BeiP 位于 TP 和 vP 之间。句子副词不能出现在"被"之后。汉语中可以说"张三已经被批评了"，但不可以说"张三被已经批评了"。

第二，被动句具有相同的推导模式。本章没有将词汇性被动句纳入分析范围。词汇性被动句的动词在词库中而不是在句法推导过程中生成。长被动句和短被动句的推导方式相同，差别在于短被动句中的 VoiceP 的域外论元是隐性的存在个体，而长被动句中的域外论元是显性的。

第三，被动句中含有功能投射 ApplP，[Spec，ApplP]引介非核心论元。被动句中的主语的初始合并位置是[Spec，ApplP]。处于此处的名词短语获得[+Affectedness]的题元角色。

这样被动句中的动词层的扩展投射可以如下图表示：

（19）

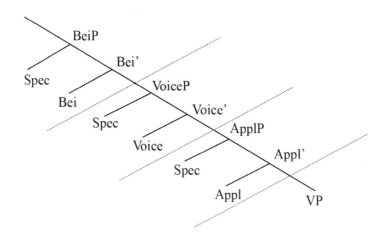

直接被动句

（20）a. 张三被李四打伤了。

b.

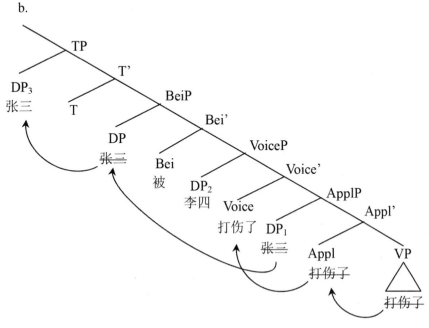

该句的句法推导过程如下：

"打伤了"需要一个表示"受事"的域内论元与其合并，因此在其基础合并位置未得到饱和。只有等到第一个名词短语出现之后才能满足其题元需求。VP与Appl合并，App投射成ApplP，引介非核心论元。合并在[Spec，ApplP]处的名词短语具有"蒙事"的题元角色，同时也满足了动词的题元需求。"张三"具有不可诠释的格特征，通过与Appl的一致关系获得"与格"的值。运算继续进行，Voice与ApplP合并之后投射成VoiceP。VoiceP再与功能语类Bei合并，Bei投射成BeiP。最后时态中心语T进入句法运算，选择BeiP并投射成TP。"李四"具有不可诠释的格特征和可诠释的一致特征，与T建立一致关系之后获得了"主格"的值，同时T的不可诠释的特征也被删除。中心语Appl和Voice具有的词缀特征促使"打伤了"上移与其嫁接，最终移到Voice处。Bei和T具有EPP特征，"张三"通过循环移位的方式，首先从[Spec，ApplP]移到[Spec，BeiP]满足Bei的EPP特征，然后再从[Spec，BeiP]移到[Spec，TP]满足T的EPP特征。这里，进行移位的是"张三"，而不是"李四"，否则句子不合语法。究其原因，我们认为只有"张三"的形式和语义特征才能和 Bei 的特征相互匹配，"李四"的移位会造成运算系统的崩溃。

该句的语义推导过程如下所示：

[[VP]]=[[打伤了]]= $\lambda x.\lambda e.$Hurting(e) & Theme (e, x)

[[Appl]]= $\lambda x.\lambda e.$[Affected(x) (e)]

[[Appl']]= $\lambda x.\lambda e.$[Affected (e, x)] & Hurting(e) & Theme (e, x)

[[DP$_1$]]=Zhang San

[[ApplP]]= $\lambda e.$[Affected (e, Zhang San)] & Hurting(e) & Theme (e, Zhang San)

[[Voice]]= $\lambda x.\lambda e.$ Agent (e, x)

[[Voice']]= $\lambda x.\lambda e.$ [Affected (e, Zhang San)] & Hurting(e) & Theme (e, Zhang San) & Agent (e, x)

[[DP$_1$]]=Li Si

[[VoiceP]]= $\lambda e.$ [Affected (e, Zhang San)] & Hurting(e) & Theme (e, Zhang San) & Agent (e, Li Si)

[[Bei]]= $\lambda f.f$

[[BeiP]]= $\lambda e.$ [Affected (e, Zhang San)] & Hurting(e) & Theme (e, Zhang San) & Agent (e, Li Si)

[[T]]= $\lambda P_{<s,t>}\exists e[P(e)$&Past(e)]

[[TP]]= $\exists e.$[Affected (e, Zhang San)] & Hurting(e) & Theme (e, Zhang San) & Agent (e, Li Si) & Past(e)

短被动句的生成方式与此基本一致，差异仅体现在 Voice 的语义类型上。

(21)张三被打伤了。

[[Voice]]= $\exists x.\lambda e.$ Agent（e, x）

[[TP]]= $\exists e. \exists x.$ [Affected（e，Zhang San）] & Hurting（e）& Theme（e，Zhang San）& Agent（e，x）& Past(e)

同"把"字句一样，被动句中还可以出现"给"字，构成复合式的被动形式[①]，例如：

[①]但需要指出的是，"被"与"给"不能相邻，否则句子不合语法。这可能是语音式的限制造成的结果。短被动句中，如果它们之间含有其他成分时，句子也是合法的。例如：张三被狠狠地给批评了。

（22）a. 张三被人给打伤了。

b. 早给日本人给抓走啦！

这类句式的生成的确是句法学的一个难点。"给"单独使用时，也可以表示被动。动词前的"给"字和施事成分前的"给"字是否具有相同的语义关系？为什么同音删除规则对此不起作用？"把"字句的推导可以为我们探讨该类句式提供有益的启示。"把"字句中的"给"是 ApplP 的中心语 Appl 的语音实现，这里同样可以认为动词前的"给"是 Appl 的显性语音形式。当一个句子含有两个"给"时，前一个"给"是 BeiP 的中心语，功能与"被"和"让"相同，后一个"给"是 ApplP 的中心语。它们是从词库中选择的两个不同的"给"，并不具有语链关系，所以线性化时两个"给"都要在语音式中拼读出来。

汉语的间接被动句使用也十分广泛。这类句式中，动词后还保留一个宾语，因而也被称为保留宾语句。例如：

（23）a. 张三被李四偷了钱包。

b. 这本书被撕掉了封面。

间接被动句

（24）

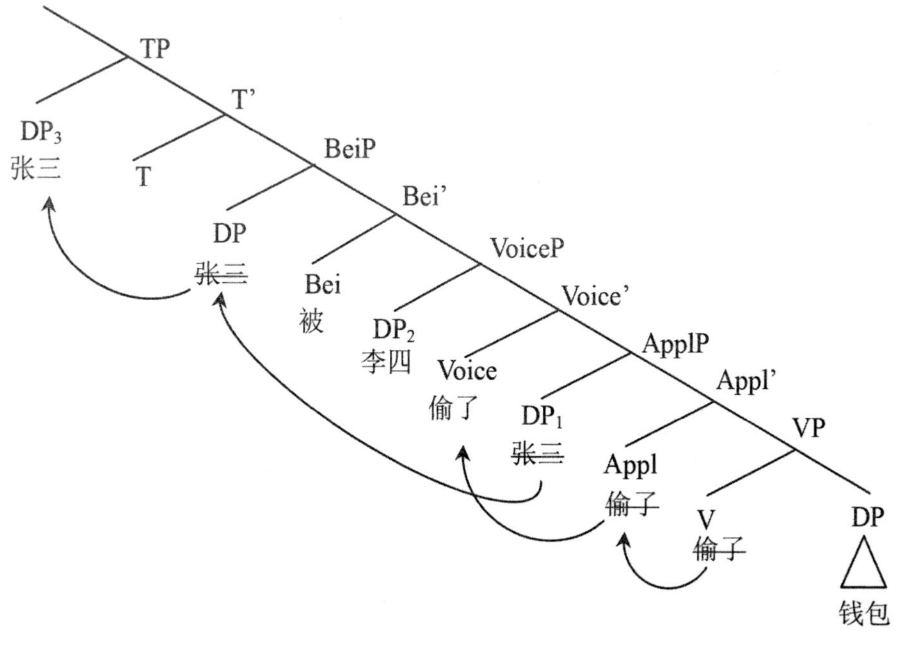

该句的生成方式和直接被动句的生成方式相似,差别就在于动词后多了一个宾语"钱包"。首先,动词V与DP合并,生成动词短语"偷了钱包"。此时,"钱包"满足了动词域内论元的需求,但是其内部"领有"题元角色没有得到满足。Appl选择VP,投射成ApplP。"张三"合并在[Spec, ApplP]处,具有"蒙事"的题元角色,同时也成为"钱包"的"领有者"。接着Voice、Bei和T进入句法运算,分别投射成最大成分VoiceP、BeiP和TP。Voice功能和轻动词 v 相同,引入域外论元"李四"。最后,Bei和T的EPP特征使得"张三"分别移到[Spec,BeiP]和[Spec,TP]处核查相关特征。"钱包"与Voice进行特征匹配、建立一致关系,获得了"宾格"的值;"张三"从Appl处获得"与格"的值;"李四"从T处获得"主格"的值。动词的移位路径是V-Appl-Voice。

语义推导过程如下所示:

[[V]]=[[偷了]]= $\lambda x.\lambda e.$ Stealing(e) & Theme (e, x)

[[DP]]= $\lambda y.\ \iota x.$ POSS(x,y) & Purse (x)

[[VP]] = $\lambda y.\lambda e.$ Stealing(e) & Theme (e, $\iota x.$POSS(x,y) & Purse (x))

[[Appl]]= $\lambda x.\lambda e.$[Affected(x) (e)]

[[Appl']]= $\lambda x.\lambda e.$[Affected(e,x)] & Stealing(e) & Theme(e, $\iota x.$POSS(x,y) & Purse(x))

[[DP₁]]=Zhang San

[[ApplP]]= $\lambda e.$[Affected (e, Zhang San)] & Stealing(e) & Theme (e, $\iota x.$POSS(x, Zhang San) & Purse (x))

[[Voice]]= $\lambda x.\lambda e.$ Agent (e, x)

[[Voice']]= $\lambda x.\lambda e.$ [Affected (e, Zhang San)] & Stealing(e) & Theme (e, $\iota x.$POSS (x, Zhang San) & Purse (x)) &Agent (e, x)

[[VoiceP]]= $\lambda e.$ [Affected (e, Zhang San)] & Stealing(e) & Theme (e, $\iota x.$POSS(x, Zhang San) & Purse (x)) & Agent (e, Li Si)

[[Bei]]= $\lambda f.f$

[[BeiP]] = $\lambda e.$ [Affected (e, Zhang San)] & Stealing(e) & Theme (e, $\iota x.$POSS(x, Zhang San) & Purse (x)) & Agent (e, Li Si)

[[T]]= $\lambda P_{<s,t>} \exists e[P(e)$ & Past(e)]

[[TP]] = $\exists e.$[Affected (e, Zhang San)] & Stealing(e) & Theme (e, $\iota x.$POSS(x, Zhang San) & Purse (x)) & Agent (e, Li Si) &Past(e)

保留宾语句也可以是短被动句,除了Voice的语义类型稍有差异,其他类型保持不变。

(25)张三被偷了钱包。

(26)[[Voice]]=∃x.λe. Agent(e, x)

(27)[[TP]]=∃e. ∃x. [Affected(e, Zhang San)] & Stealing(e)& Theme(e, ιx. POSS(x, Zhang San)& Purse(x))& Agent(e, x)&Past(e)

上述例句中都是"把"和"被"单独使用的情况,更加复杂的情况是"把"字和"被"字出现在同一个句子中。现代汉语文献早就注意到这一现象(邵敬敏、梁东汉,1960)。

(28)a. 那对青年也不晓得犯了什么罪,而被日本人从电车上把他们捉下来。

　　b. 张三被李四把钱包偷了。

虽然这类句子出现的频率不高,但既然是合乎语法的,生成语法同样需要对此提供合理解释。实际上,有了上述的分析思路,"把"和"被"连用的句法结构也可以得到较好的分析。

(29)

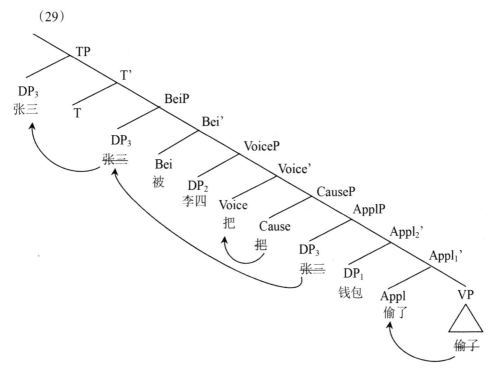

[[VP]]=[[偷了]]=λz.λe.Stealing(e) & Theme (e, z)

[[Appl]]= λx. λy.λe.[Affected(x)(y) (e)]

[[Appl₁']]= λx. λy.λe.[Affected(x)(y) (e)] & Stealing(e) & Theme (e, z)

[[DP₁]]=[[钱包]]=λy. ιx. POSS(x,y) & Purse (x)

[[Appl₂']] = λx.λe.Stealing(e) & Affected (x, ιx. POSS(x,y) & Purse (x) , e) & Theme (e, ιx. POSS(x,y) & Purse (x))

[[ApplP]] = λe.Stealing(e) & Affected (Zhang San, ιx. POSS(x, Zhang San) & Purse (x) , e) & Theme (e, ιx. POSS(x, Zhang San) & Purse (x))

[[Cause]]=[[BA]]=λf_{<s, t>}.λe. (∃e') f(e') & CAUSE (e, e')

[[CauseP]] = λe.(∃e') Stealing(e') & Affected (Zhang San, ιx. POSS(x, Zhang San) & Purse (x) , e') & Theme (e', ιx. POSS(x, Zhang San) & Purse (x)) & CAUSE (e, e')

[[Voice]]= λx.λe. Agent (e, x)

[[DP₂]]=Li Si

[[VoiceP]] = λe.(∃e') Stealing(e') & Affected (Zhang San, ιx. POSS(x, Zhang San) & Purse (x) , e') & Theme (e', ιx. POSS(x, Zhang San) & Purse (x)) & CAUSE (e, e') & Agent (e, Li Si)

[[Bei]]= λf.f

[[BeiP]]= [[VoiceP]]= λe.(∃e') Stealing(e') & Affected (Zhang San, ιx. POSS(x, Zhang San) & Purse (x) , e') & Theme (e', ιx. POSS(x, Zhang San) & Purse (x)) & CAUSE (e, e') & Agent (e, Li Si)

[[TP]]=∃e.(∃e') Stealing(e') & Affected (Zhang San, ιx. POSS(x, Zhang San) & Purse (x) , e') & Theme (e', ιx. POSS(x, Zhang San) & Purse (x)) & CAUSE (e, e') &Agent (e, Li Si) & Past(e)

7.3　小结

"把"字句和被动句虽然是汉语中典型的句式,但更深入的研究仍充满挑战性。

基于相同的分析框架,我们对各种不同类型的"把"字句和被动句进行了统一的分析。本章我们在最简方案框架下比较详细地分析了"把"字句和被动句的生成方式,并从事件语义学的角度对相关结构进行了较深入的形式语义分析。"把"字句和被动句中,"把"和"被"从早期的词汇语类逐渐演变成为汉语独特的功能语类,各自投射成最大语类。"把"字句和被动句都含有高位功能投射 ApplP,允准非核心论元。从本章的分析可以看出,功能语类的参数差异是生成汉语"特殊"句型的根源所在。

第八章
"给"字句

"给"字句(Gei Construction)是现代汉语中一个十分常见的句式[①],其用法相对比较复杂,充分体现了汉语句法的灵活性特点。其复杂性来源于"给"字,它是现代汉语十分活跃的词,其用法多种多样。《现代汉语词典》(第7版)给出了如下的解释:① [动词]使对方得到某些东西或某遭遇;② [动词] 叫,让;a.表示使对方做某事;b.表示容许对方做某种动作;③ [介词]用在动词后面,表示交与、付出;④ [介词]为;⑤ [介词]引进动作的对象,跟"向"相同;⑥ [介词]表示某种遭遇;⑦[助词]直接用在表示被动、处置等意思的句子的谓语动词前面,以加强语气。由此可见,"给"字历经多年的演变,有动词、介词和助词多种用法,构成了庞大的"给"字句家族。本章首先对常用的"给"字句进行简单介绍和分析,然后将重心转向两类"给"字句的研究:致使"给"字句和态度"给"字句。在最简方案和事件语义学的框架下,对相应的结构提供句法和语义分析。

8.1　研究概述

"给"可以作为动词使用,典型用法见于双宾结构中。例如:

(1) 他给了我两本书。

但需要面对如下的问题:是不是所有的"给"都是动词? 目前仍然处于争议之中,比较极端的观点是Lin & Huang(2015)的研究,他们认为汉语所有的"给"都属于动词范畴,所有"给"字句都是由"给"构成的双宾结构,并在生成语法框架下对"给"字句提出了统一的分析方案。王奇(2019)回顾了生成语法对"给"字词性的研究,总

[①]朱德熙(1979)从传统语法框架下,对"给"字句进行了全面的概括和分析。

结了如下的表格。

（2）

	给 NP NP	给 NP VP	给 V	V 给	VP 给 NP	VP 给 NP V(P)
Huang & Ahrens(1999)	动词	介词		词缀	动词	动词
Ting & Chang(2004)	动词			介词	介词	标补词
Her(2006)	动词				动词/介词	标补词
Lin & Huang(2015)	动词	动词		动词	动词	动词
Huang(2013)			动词			
周长银(2000)		介词		介词	介词	
胡建华、杨萌萌(2015)		动词			动词	动词
邓思颖(2008)			轻动词	介词		
熊仲儒(2011)			被动标记			
沈阳、司马翎(2010)			中动标记			
叶狂、潘海华(2016)			前置标记			

从表格可以看出，"给"在不同的句式中具有不同的词性，这实际上是"给"字语法化造成的结果。最初，"给"是标准的动词，用在典型的双宾结构中，然后在转喻和隐喻等语言机制作用之下，"给"后也可以出现动词词组。在长期的使用过程中，"给"的动作性特征逐渐削弱，进而演变为介词或助词。"给"从词汇语类逐渐衍生出各种功能语类，其意义越来越虚化，但其原来的动词用法仍然得以保留。作为典型的汉语句式，众多的学者对其句法结构进行了研究，这里我们介绍几种极具代表性的研究观点，同时指出研究存在的一些问题。

1.周长银的分析

生成语法框架下较早研究汉语"给"字结构的是周长银(2000)的研究。他以Larson壳为句法推导基础，对"给"字句进行了比较深入和全面的讨论。作者首先在朱德熙(1979)对"给"字句的分类基础之上，从句式转换的角度对各种类型的"给"字句进行了重新分类。然后重点讨论了由Larson壳向各类"给"字句的推导过程，并对各类"给"字句的句法特征进行解释。此外，他还修正了施关淦(1981)的动词分布表，对"给"字句中的动词分布进行了更加详细的描述。周长银的分析跳出了传统语法分析的框架和思路，用当代句法学的理论重新审视了汉语的句法现象，达到了描写充分性和解释充分性的有机统一。但他的分析是在管约论框架下进行的，一些分析细节已经过时,需要在最简方案框架下进行重新分析。

2.Lin & Huang(2015)的分析

Lin 和 Huang 在生成语法框架下对各种类型的"给"字句提出了统一的分析框架。他们认为,在所有的"给"字句中,"给"都是动词。与越南语和泰语中相对应的成分一样,"给"可以有各种用法,包括双及物用法、与格标记、受益者标记、致使标记、被动标记等。例如:

(3) a. 张三给李四一本书。

b. 张三写一封信给李四。

c. 张三写给李四一封信。

d. 张三给李四写了一封信。

e. 张三给李四看那本书。

f. 张三给李四得第一名。

g. 张三给李四骗了。

虽然"给"具有各种不同的用法,但所有的"给"字句都是双及物结构,特定"给"字句的意义来自"给"所处的句法结构和与"给"共现成分的语义。"给"是一个携带两个域内论元的动词,其中一个是接受者。唯一的差别就是第二个域内论元的语类不同。"给"字句的共同结构如下:

(4)

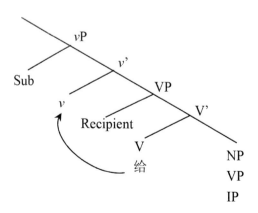

Lin 和 Huang 的最大贡献在于对各种"给"字句提供了统一的形式分析,为跨语言比较提供了很好的参考框架。但我们认为,将所有的"给"都分析为动词不能令人

信服地解释所有语言现象,仍然有可商榷之处。首先,动词通常能与"了"连用,但有的"给"字句却不可以。例如,"*张三给了李四看那本书"。其次,"给"构成的介词短语可以作为一个整体移到句首。例如,"给李四,张三写了一封信"。如果将其视为介词短语,移位就可以得到很好的解释。如果将"给"视为动词,从树形图可以看出,"给"不能立即同其后名词短语构成一个成分,必须经过重新分析等额外操作手段。这样,语法系统就会变得更加复杂。此外,他们的分析很难对"张三竟然给我跑了"这样的句子提供合理的解释。

3.蔡维天的分析

蔡维天(2017)在制图方案的框架下详细分析了"给"字句的结构,他主要区分了两种不同类型的"给"字句。

(5) a. 阿Q居然给我跑了。

b. 阿Q给他们洗了三件衣服。

c. 阿Q居然慢吞吞地给客人擦地板。

第一种"给"字句中,"给"字合并在句子的左边界处,施用论元只能是第一人称单数形式,许多语言中存在类似句式,文献中一般称为心性与格结构(Ethical Dative)。

(6) a. 他居然给我/*我们/*你/*你们/*他/*他们拿了钱就跑。

b. 阿Q居然给我同时喜欢两个女孩子。

c. 台风今年居然给我来了十次。

d. 他居然给我哭了。

"每个人"可以和此类"给"字句兼容,"很少人"则不可以。

(7) a. 每个人居然都给我跑了。

b. *很少人居然给我跑了。

蔡维天借助施用理论,认为这类句子含有功能投射ApplP,间接宾语合并在[Spec, ApplP]处。此外,句子需要含有诸如"居然"之类的评注性的状语,因此,存在功能投射EvalP。"给"从中心语Appl移到Eval处,生成上述句式。结构如下:

（8）

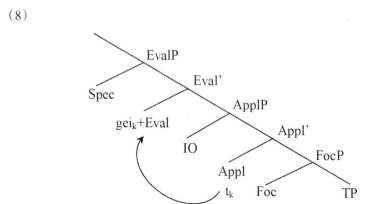

　　另一种"给"字句中"给"处于屈折层。与CP层面施用论元不同的是，"给"字句的施用论元不局限于第一人称单数形式；"很少人"可以作为句子的主语。与 vP 层面施用论元不同的是，受益论元与客体之间没有必然的"拥有"关系；非作格动词可以用于此类结构。

（9）a. 很少人会给他们洗那堆衣服。

　　　b. 阿Q给他们洗了那堆衣服。

　　　c. 他给李四工作。

　　蔡维天认为"给"是施用语素的中心语，施用论元直接合并在[Spec，ApplP]。为了推导出正确的表层形式，"给"需要进行中心语移位，嫁接到时态中心语T处。

（10）

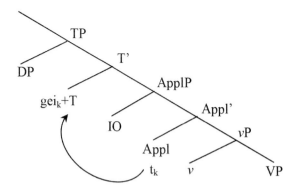

蔡维天通过 Appl 投射对"给"字句的非核心论元进行了详细的分析。不难发现,他的分析同样存在值得商榷之处。首先,他对句子的语法判断与我们的语感调查不太一致,例如:蔡维天认为当"给"字结构出现在左边界时,句子不能是典型的陈述语气,而且句子必须含有评注性状语(Evaluatives),否则句子就不合语法。可根据我们的语感调查,下面的句子是合乎语法的。

(11) a. 他给我拿了钱就跑。

b. 他昨天给我喝了三瓶酒。

其次,蔡维天认为"给"原本处于施用中心语 Appl 的中心语处,然后通过中心语移位,嫁接到 EvalP 或 TP 的中心语处。这种移位似乎仅仅是为了生成正确的表层语序而特设的操作手段,缺乏其他方面的动因。而且,"给"与其后名词短语也没有构成一个成分,很难合理解释"给"字短语的整体移位现象。此外,蔡维天没有分析表"命令"的"给"字句,也没有解释为什么此类句式中只能用"给我",而不能用其他的代词或名词短语。

鉴于上述分析的问题,我们认为,不能通过一致的语类对"给"字句进行解释。

8.2 句法分析和语义推导

简单来说,"给"字句涉及如下的句式:

(12) a. 他给了我一本书。

b. 他寄给了我一本书。

c. 他寄了一本书给我。

d. 他们给客人打扫了房间。

e. 他给小孩看了一本书。

f. 小偷给我跑了。

g. 他给小偷偷了钱包。

此外,"给"还可以用于"把"字句和被动句中,位于相关动词的前面,我们在相关章节中已经分析了此类"给"的句法位置,因而不在本章的讨论范围之内。"给"可以单独用于双宾结构,也可以和其他成分连用一起构成双宾结构。关于其句法结构和语义推导可以参考第五章的分析,这里不再赘言。

8.2.1　与格结构

首先看如下两个例子：

（13）a. 他寄了一本书给我。

　　　b. 他摘了一朵花给我。

上述两个句子中的"给我"位于句末，从表面上看来，它们具有相同的句法结构，但是仔细分析会发现，主句动词具有不同的论元结构。"寄"本身是一个双宾动词，动词后需要同时有两个宾语，与其他语言的与格结构相似。"摘"本质上应该是一个单及物动词，动词后只需要一个宾语即可，"给我"并非其论元结构的组成要件。鉴于此，可以认为上面句子具有不同的句法结构。从词性上来说，前一句中的"给"是介词；后一句中的"给"是动词。英语中对应的结构分别如下：

（14）a. He posted a book <u>to</u> me.

　　　b. He plucked a flower and <u>gave</u> it to me.

Larson（1988）对英语相关结构的分析为我们提供了很好的参照。他在双向分支假设下解决了双宾结构的推导问题。根据 Baker（1988）的题元指派一致性假设，双宾结构和其对应的与格结构应该具有相同的底层结构。Larson 认为句法合并遵循如下的题元层级：施事（Agent）>客体（Theme）>目标（Goal）。根据 Larson 的题元阶层，与格结构是底层结构，而双宾结构由之推导而来。汉语的与格结构可以进行同样的分析。动词"寄"需要两个论元成分，即客体（Theme）和目标（Goal），它们分别合并在动词短语的指示语和补足语处。

（15）

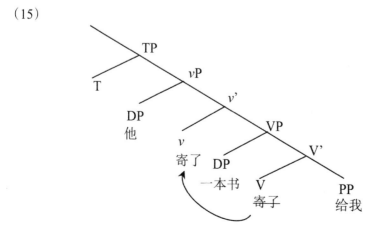

部分语义推导过程如下所示:

$[[V]]=[[寄]] = \lambda x. \lambda y.\lambda e. Post(e) \& Theme(e)(x) \& Goal(e)(y)$

$[[V']]=\lambda x.\lambda e. Post(e) \& Theme(e)(x) \& Goal(e)(me)$

$[[VP]]= \lambda e. Post(e) \& Theme(e)(a\ book) \& Goal(e)(me)$

$[[v]] = \lambda x.\lambda e. Agent(e, x)$

$[[v']] = \lambda x.\lambda e. Agent(e, x) \& Post(e) \& Theme(e)(a\ book) \& Goal(e)(me)$

$[[vP]] = \lambda e. Agent(he, x) \& Post(e) \& Theme(e)(a\ book) \& Goal(e)(me)$

8.2.2 动词前"给"

当"给"出现在动词前时,此时的"给"是介词,根据不同的语境,表达的语义多种多样。例如:

(16) a. 张三给自行车上了锁。

b. 张三给李四鞠躬。

c. 张三给李四跑腿。

d. 张三给我做了一个鬼脸。

e. 公司给我保了意外险。

英语类似的结构通常使用介词for来引导,例如:

(17) a. He ran errands <u>for me</u>.

b. He mopped the floor <u>for me</u>.

c. He went shopping <u>for me</u>.

句子中的动词可以是不及物动词,也可以是及物动词,但"给"字短语在句中是附加语(Adjunct),不是动词论元结构的组成部分。这里的"给"字短语具有如下特征:"给"字短语的有无,对句子的合法性不会造成影响;"给"字短语可以作为整体,移至句首位置;"给"字短语可以作为整体,对问句进行回答。鉴于此,我们将这里的"给"归类为介词。

"他给我打扫了房间"的结构如下所示:

（18）

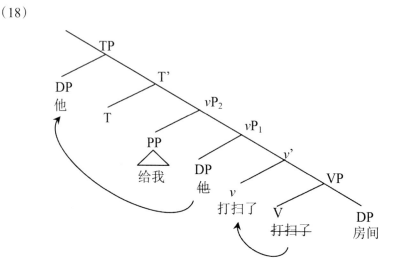

从树形图可以看出，"给我"是介词短语，该短语作为状语与语段 vP 嫁接。形式语义推导如下：

[[V]]=[打扫了]=λx. λe. Clean (e) & theme (e, x)

[[VP]]= λe. Clean (e) & theme (e, the room)

[[v]] = λx.λe. Agent(e, x)

[[v']] = λx.λe. Agent(e, x) & Clean (e) & theme (e, the room)

[[vP$_1$]] = λe. Agent(he, x) & Clean (e) & theme (e, the room)

[[PP]]=[给我]]=λe. Beneficiary(e, me)

[[vP$_2$]] = λe. Agent(he, x) & Clean (e) & theme (e, the room) & Beneficiary(e, me)

[[T]]= λP$_{<s,t>}$∃e[P(e) & Past(e)]

[[TP]]=∃e[Agent(he, x) & Clean (e) & theme (e, the room) & Beneficiary(e, me) & Past(e)]

8.2.3 致使类"给"

有些情况下，汉语的"给"字句可以表示"允许"或"致使"等意义。汉语学界很早就关注到此类"给"字句，但很少有研究从生成语法角度探讨其推导过程。江蓝生认为，给予动词表达的基本意义是"施与"，当处于"给+NP+VP"结构时，动词原来的意义会发生虚化,进而引申为"许可、让、使"。周国光通过儿童语言使用调查,认为使役义来自给予义;从题元结构来看,三价给予动词变成了二价使役动词。例如:

(19) a. 他给小孩看了一本书。

b. 需要给他休息两天。

我们借助Kim(2012)的相关观点,将此类句子分析为含有ApplP投射的致使结构。Kim分析了韩语和英语的致使结构。韩语中的相关结构可以用致使后缀-hi表示。英语中虽然"给"不能用于致使结构中,但可以用have来表达致使语义。

(20) Swuni-ka　　　Minswu-eykey　　chayk-lul　　　ilk-hi-ess-ta
　　　Suni-NOM　　Minsu-DAT　　　book-ACC　　　read-CAUSE-PAST-DEC
　　"Suni made Minsu read the book."

(21) John had Mary pick up a book.

虽然致使结构含有两个动词——致使动词和基础动词,但从格和一致关系来看,它们更像由一个动词构成的句子。与单句不同的是,致使结构含有两个题元分配动词,每个动词似乎含有各自的论元结构。役事(Causee)含有双重角色,既是致使动词的受事,也是基础动词的逻辑主语(Alsina,1992;Guasti,1996)。

(22) a. John$_1$ had$_{caus}$ the students$_2$ read three articles on purpose$_{1/*2}$.

b. John$_1$ had$_{caus}$ Mary$_2$ pick up the articles on purpose$_{1/*2}$.

c. John$_1$ had$_{caus}$ Mary$_2$ paint his$_1$ hair black on purpose$_{1/*2}$.

役事the students和Mary不能被主语导向副词on purpose修饰。施事通常具有自主性,役事则缺乏自主性。Givón (1975)认为英语致使动词have的谓词补足语是主动的,但不是故意的。例如(23)a句可以受副词deliberately限定,但如果将其内嵌在have的补足语中,就不能再被deliberately限定。

(23) a. Mary picked up a book deliberately.

b. John$_1$ had Mary$_2$ pick up a book deliberately$_{1/*2}$. (Givón,1975)

韩语和英语具有平行的句法行为,例如:

（24）a. ai-ka　　　　　chayk-lul　　　ilpwule　　　　ilk-ess-ta

child-NOM　　book-ACC　　on purpose　　read-I-PAST-DEC

"The child on purpose read the book."

　　b. Swuni-ka　ai-eykey　　chayk-lul　　　ilpwule　　　ilk-hi-ess-ta

Suni-NOM　child-DAT　book-ACC　　on purpose　read-I-PAST-DEC

"Suni on purpose had$_{caus}$ the child read the book."

　　　　* "Suni had$_{caus}$ [the child read the book on purpose]."

从层次结构来看，have后的两个名词短语具有非对称的成分统制关系。

（25）a. Mary had$_{caus}$ [each author]$_i$ read his$_i$ book.

　　b. *Mary had$_{caus}$ its$_i$ author read [each book]$_i$.

（26）a. na-nun [motuncakkatul]$_i$-eykey kutul$_i$-uy chayk-lul　ilk-hi-ess-ta

I-TOP　all authors-DAT　　　　　their-GEN book-ACC read-I-PAST-DEC

"I had$_{caus}$ [all authors]$_i$ read their$_i$ books."

　　b.*na-nun kukestul$_i$-uy cakkatul-eykey [motun chayk-lul]$_i$ ilk-hi-ess-ta

I-TOP　their-GEN　authors-DAT　all book-ACC　　　read-I-PAST-DEC

"I had$_{caus}$ their$_i$ authors read [all books]$_i$."

　　鉴于此，Kim提出了如下的句法结构。简单来说，致使结构中的役事是句子的施用论元，在[Spec，ApplP]处得到允准。

（27）

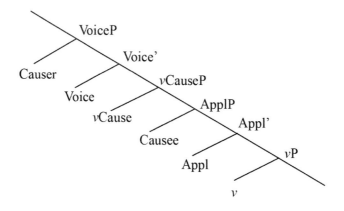

汉语虽然缺乏形态变化,但是我们认为上述分析也适用于汉语表致使的"给"字句。以"他给小孩看了一本书"为例。"给"字在其基础位置位于ApplP的中心语处,"小孩"在[Spec, ApplP]处得到允准。由于该句是个致使句,因而存在句法投射CauseP。"给"通过连续循环移位的方式最终移到Voice处。该句的句法结构如下所示:

(28)

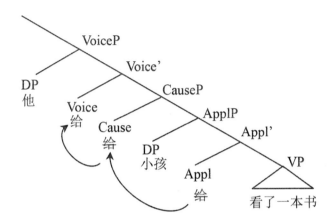

语义推导过程如下所示:

[[VP]]=[[看了一本书]] = λe. Read (e) &Theme (e, a book)

[[Appl]]=λx.λe. APPL (e, x)

[[Appl']]= λx.λe. APPL (e, x) & Read (e) & theme (e, a book)

[[ApplP]]= λe. APPL (e, the child) & Read (e) & theme (e, a book)

[[Cause]]= λf$_{<s, t>}$.λe. (∃e') f(e') & CAUSE (e, e')

[[CauseP]]= λe. (∃e') APPL (e', the child) & Read (e') & theme (e', a book) & CAUSE (e, e')

[[Voice]]=λx.λe. Agent (e, x)

[[Voice']]= λx.λe. (∃e') APPL (e', the child) & Read (e') & theme (e', a book) & CAUSE (e, e') & Agent (e, x)

[[VoiceP]]= λe. (∃e') APPL (e', the child) & Read (e') & theme (e', a book) & CAUSE (e, e') & Agent (e, he)

8.2.4 "给我"结构与跨语言比较

1.概述

除了上述"给"字句外，"给"字句还发展出了一种独特的用法，即发布强势指令。关于此类构式，较早注意到这一现象的是韩其峰(1992)，他认为，此类句子是祈使句，常用于口语中。"给我"在句子中并不充当什么成分，与句意没有什么联系。若将"给我"去掉，祈使语气就会大大减弱。

吕叔湘(1999)曾经指出，"给我"后加动词用于命令句，有两种可能性，需要通过一定的语境才能区分开来。

(29) a. 我的帽子不知道哪儿去了，你给我找一找。

　　 b. 出去的时候给我把门关好。

　　 c. 你给我小心点儿。

　　 d. 瞧你这身泥，快给我把衣服换了！

尹海良(2014)认为，第一类用法的"给"引进动作受益者，既可以是说话人，也可以是其他人。第二类用法的"给"已经相当虚化，与"我"的凝固性增强，"我"不能被其他的代词名词短语代替，句子表示命令的主观性比较明显。为了方便描述，本章暂时将其总结为"S+给我+VP"构式。目前，对此类构式大多处于描写层面，对"给我"的语法属性也存在争议，在生成语法框架下的探讨更是欠缺。我们尝试通过跨语言的对比，对此类结构进行形式句法和语义分析。

在研究"S+给我+VP"构式时，学者们主要关注该类句式的意义，能够进入该类句式的谓词以及"给我"的语法形式。

尹海良认为，表命令是"给我+VP"的最典型的语义特征，在不同的语境中，还可衍生出"呵斥"和"警示"等语义内容。"命令"是构式的原型义，其他意义都是建立在"命令"的基础之上。

能够进入"给"字句的谓词通常是动词，例如：

(30) a. 你们就把他给我捆了。

　　 b. 马上把那个热线电话给我停了。

　　 c. 把远光灯给我关了。

　　 d. 把他们都给我放了。

172

有时谓词也可以是形容词。例如：

（31）a. 你给我老实点。

　　　b. 给我小心点。

此类结构中，"给我"的出现与否对句子的真值条件不会产生影响。

（32）a. 你给我站住！

　　　b. 你站住！

（33）a. 摸不满虾篓，别给我回来！

　　　b. 摸不满虾篓，别回来！

（32）和（33）中的a句都来自北京语言大学语料库，可见，"给我"作为非核心论元的使用现象是非常常见的，并且我们可以看出：每组a和b的句子所表达的基本意义是相同的，只是a句中的"给我"有语用学的意义，能增强语气，这里的"我"是一个态度的持有者（Attitude Holder），表示"我"对于这件事情的态度，并不会影响句子的真值。从例（32）中我们可以看出a和b都能表达"你站住！"这个基本含义，但是a句与b句相比多了一层情感上的意义，即表达说话者的态度，因此（32）a表达了"你站住！"和"我希望你站住这件事能够发生"两层含义；从例（33）我们可以看出a和b两句话都能表达"你不要回来了"的意思，但是a句中的"给我"使得a句多了一层附加意义，因此（33）a表达了"你不要回来了"和"我希望你不要回来"两层含义。

上述句式中的"给我"出现在祈使句中。此外，"给我"结构还可以用于下面的非祈使句中。

（34）a. 他居然给我辞职了。

　　　b. 好不容易想晒个被子，竟然给我下雨了。

通常，此类句子需要附带评注性的状语成分，如居然、竟然等。当"给我"用于上述句式时，句子所表达的命题是出乎意外的。"他辞职了"只是简单传递一个事实而已，而加上"给我"时，句子旨在传递这样一个信息：我根本没有预料到他会辞职。同样，后一句的言外之意是"我根本没想到天会下雨"。

2.跨语言比较

从跨语言的角度来看，虽然英语很难找到相对应的结构，但是在许多其他语言或方言中广泛存在，如西班牙语、希腊语、方言英语和德语等。Cuervo（2003）分析了西班牙语的心性与格结构。通常情况下，与格成分可以与不同类型的谓词使用，形式上主要是第一人称和第二人称，有时也可以是第三人称。而且还可以与其他与格形式同现。Cuervo认为非核心论元在句法结构中位于VoiceP和vP之间，结构如下：

（35）

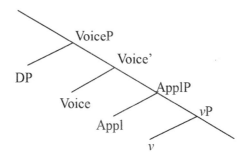

Michelioudakis和Sitaridou（2008）分析了希腊语的相关结构，发现第一人称的使用频率远远高于第二人称。心性与格结构不是句子命题结构的组成部分，而是表征话语参与者对命题的态度。他们认为，与格成分承担的是语用角色，而不是题元角色，该成分与句子左边界的成分具有关联性。句子的左边界含有一个位于EvalP处的算子，该算子正好约束变量与格成分。

（36）

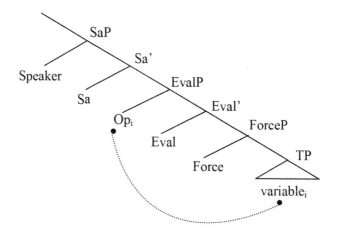

Teomiro García（2013）借助高位施用投射的观点，认为此类非核心论元的初始合并位置是[Spec，ApplP]。施用投射在人称与格成分和命题结构之间建立了一种抽象的拥有关系。高位施用中心语是普遍语法的功能语类，但在语言中的激活状态不一样。西班牙语和方言英语中的Appl处于激活状态,非核心论元可以得到允准。标准的英国英语和美国英语中,Appl处于非激活状态,非核心论元自然就得不到允准。结构如下:

(37)

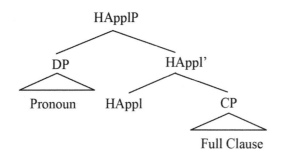

Boneh和Nash(2010)认为,施用论元位于题元域之外,但在IP的下方。

(38)

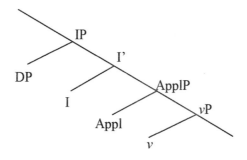

德语也有心性与格结构, mir的用法类似于汉语中的"给我"。它不影响句子真值,仅仅表示说话人的态度,例如:下面德语句子表达的意思是,"你应该把爸爸的鞋子洗了",并且"我希望'你给爸爸的鞋子洗了'这件事能够发生"。

(39)Du   sollst   mir   dem   Papa   die   Schuhe   putzen.

You   shall   me.Dat   the   dad   the   shoes   clean

"You shall clean the shoes for dad and want this to happen."

德语的心性与格结构从形式上很容易与其他施用论元区分开来,该论元必须是单数第一人称代词的与格形式mir。任何其他形式的名词和代词都是不合语法的。例如:

（40）*Du   sollst   der   Mutter   ihr   ihm

you.Nom   shall   the.Dat   mother   her.Dat him.Dat

ihnen   dem   Papa   die   Schuhe   putzen.

them.Dat the.Dat   dad   the.Acc   shoes   clean

"You shall clean the shoes for dad, and the mother/she/he/they want(s) this to happen."

Bosse 比较详尽地探讨了德语的结构，她认为，心性与格是句子的额外论元，在 [Spec，ApplP]处得到允准。ApplP 投射位于 DirectiveP 和 IrrealisP 之间。Bosse 主要讨论了命令式的结构。

（41）Komm   mir   pünktlich   nach   Hause!

come   me.Dat   on.time   to   home

"Come home on time and I want this to happen!"

（42）

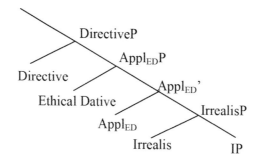

[[IP]]w = λw. ∃e in w. Come(e) & Goal(e)(home) & On time(e)

[[IrrealisP]] = ∀w. ∃e in w. Come(e) & Goal(e)(home) & On time (e)

[[Appl_ED]] = λP. λx. P: x wants one world from the set P to come true

[[Appl_ED']] = λx. ∀w. ∃e in w. Come(e) & Goal(e)(home) & On time (e)：x wants one world from the set (∀w. ∃e in w. Come(e) & Goal(e)(home) & On time (e)) to come true

[[Appl_EDP]] = ∀w. ∃e in w. Come(e) & Goal(e)(home) & On time (e)：I want one world from the set (∀w. ∃e in w. Come(e) & Goal(e)(home) & On time (e)) to come true

从上述跨语言的语料可以看出,心性与格结构并非汉语独特的结构。此类结构最明显的共性有两个:第一,非核心论元不是句子的必要论元,并不改变句子的真值条件;第二,非核心论元的人称以第一人称为主。第二、第三人称要么不常见,要么就是不合语法的。在分析其句法结构时,都认为句中存在高位施用投射,允准非核心论元,但是具体的合并位置存在较大差别。

在分析汉语的"给我+VP"句式,上述分析给我们提供了较好的参考框架。但根据汉语"给我"结构的特点,需要进一步解决的问题有:

a. "给我"的具体合并位置在什么地方?

b. 两类"给我"句式能否在统一的句法框架下得到合理解释?

c. 为什么此类句式中代词通常是第一人称单数形式?

3. "给我"的句法位置

可以结合情态助动词的位置分析非核心论元"给我"的位置。目前,学者通常将情态动词分为三类,第一类为知识情态助动词(Epistemic Modals),通常表示说话人根据自己的现实经验,按照推理法则对事件发生的可能性进行的判断,也就是指说话人对不完全知道的事情进行猜测或推论,说话人表达的是自己的主观看法,例如"可能""大概";第二类为义务情态助动词(Deontic Modals),通常表示道义上的责任、义务,例如"必须""得";第三类为能愿情态助动词(Dynamic Modals),通常表示物的性能、人的能力和意愿,例如"愿意""能够"。

根据制图理论的相关观点,它们的投射顺序如下:

(43)Epistemic Modals >Deontic Modals>Dynamic Modals

为了使研究更加客观,避免单纯依靠内省法带来的缺陷,我们结合问卷调查的方式,让受试者判断包含情态助动词和非核心论元"给我"的句子的语序的可接受程度,从而分析它们在句子中的相对位置。该问卷的调查对象是英语专业的本科生,主要来自河南和上海的两所高校,共发放120份问卷,回收有效问卷118份。统计结果如下表所示:

（44）

	高	较高	低	较低
他可能给我跑了。	25.42%	38.98%	32.2%	3.39%
*他给我可能跑了。	3.39%	3.39%	22.03%	71.19%
你必须给我坐下。	62.71%	22.03%	8.47%	6.78%
*你给我必须坐下。	10.17%	18.64%	38.98%	32.2%
他居然敢给我出去。	57.63%	28.81%	8.47%	5.08%
*他居然给我敢出去。	3.39%	1.69%	37.29%	57.63%

从表中可以看出，当句中都包含"可能"和"给我"时，超过60%（25.42%＋38.98%）的受试对象认为"可能>给我"的顺序是可以接受的；超过90%的受试者认为"给我>可能"的顺序是不可接受的。据此可以认为，知识情态助动词位于非核心论元"给我"之前。

当句中都包含"必须"和"给我"时，超过80%（62.71%+22.03%）的受试对象认为"必须>给我"的顺序是可以接受的；超过70%的受试者认为"给我>必须"的顺序是不可接受的。据此可以认为，义务情态助动词位于"给我"之前。

当句中都包含"敢"和"给我"时，超过85%（57.63%+28.81%）的受试对象认为"敢>给我"的顺序是可以接受的；超过90%的受试者认为"给我>敢"的顺序是不可接受的。据此可以认为，能愿情态助动词也位于非核心论元"给我"之前。

综上，这三类情态助动词和非核心论元"给我"在句子中的相对位置就可以确定下来，即，知识情态助动词>义务情态助动词>能愿情态助动词>非核心论元"给我"。

4. "给我"的句法推导

此类句式中的"给我"不是动词表征事件参与者（Event Participant），而是话语参与者（Discourse Participant）。既然不是事件参与者，"给我"也就不能与动词的事件进行融合，自然就不能在动词处得到允准。"给我"在句中虽然没有真值语义，但通常与特定的言外之意（Illocutionary Force）相关联。最简方案框架下，句子由三个语法性质截然不同的区域构成，从下到上依次为：动词层、屈折词层、标句词层。动词层（vP）与论元或题元结构相关；屈折词层（TP）则与一致、时态、体等信息有关；标句词层（CP）通常与语用意义相关。可以假定在句法中"给我"具有[+Participant]的特征，句子的左边界除了含有语力投射ForceP之外，还有功能投射言语行为短语SaP

（Speech Act Phrase）。"给我"的[+Participant]特征与 Sa 通过远距离一致进行特征核查。结构图如下所示：

（45）

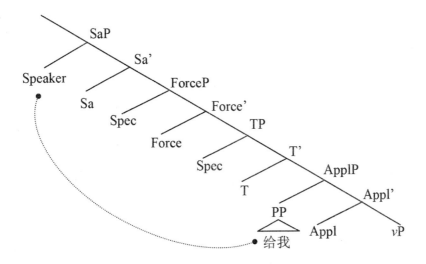

从句法结构来看，"给我"的合并位置位于 TP 和 vP 之间，具有[+Participant]特征。SaP 处的算子具有 [+Speaker]特征，并且成分统制[Spec, ApplP]。此时无须通过移位，Operator 可以作为探针通过远距离一致核查[+Participant]特征。根据 Baker（2008）的观点，"人称"是个推导性的概念，其初始值是未标示的（Underspecified），在句法运算过程中通过算子–变量一致关系获得。代词是个变量，受到 CP 处的说话者或听话者算子约束，其具体的使用形式是由算子和代词特征互动的结果。

（46）

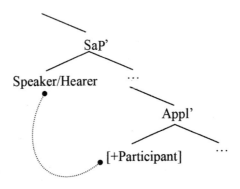

由于算子还可能具有[+Hearer]特征,根据一致关系,我们可以预测此类句式还可以出现"给你"的形式。例如:

(47)他给你写得一塌糊涂。

需要指出的是,这里的非核心论元是通过介词引导的,这与前面几章非核心论元的形式不太一样。通常非核心元论元引入句法结构中并不需要介词,但这只是相对的说法。英语中也有类似现象。Bosse认为,英语的介词on是ApplP的中心语,可以引导非核心论元。Bosse将英语结构和德语的结构做了比较,认为施用论元并不是事件的直接参与者,而是事件的影响者。

（48）a. Gerald broke the vase <u>on me</u>.

　　　b. John cried <u>on Mary</u>.

　　　c. He held on to the bag <u>on Mary</u>.

　　　d. Alex　　　　zerbrach　Chris　　　Bens　　　Vase.

　　　　Alex.Nom　broke　　　Chris.Dat　Ben.Gen　vase.Acc

　　　　"Alex broke Ben's vase on Chris."

"Gerald broke the vase on me."的句法结构如下:

（49）

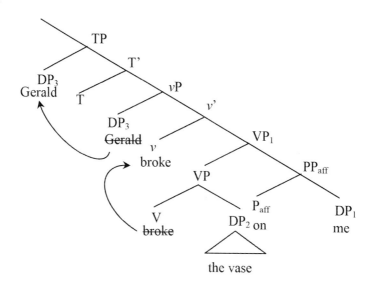

语义推导过程如下所示[1]：

[[DP₁]]=me

$[[on]] = \lambda x.\lambda P.\lambda e.\ P(e)\ \&\ \exists e'(EXPER(e')\ \&\ Exp(e')(x))：\forall e''(P(e'')\rightarrow Source(e'')(e'))$

$[[PP_{Aff}]] = \lambda P.\lambda e.\ P(e)\ \&\ \exists e'(EXPER(e')\ \&\ Exp(e')(me))：\forall e''(P(e'')\rightarrow Source(e'')(e'))$

[[DP₂]]= the vase

$[[VP]]=[[break]] = \lambda x.\ \lambda e.\ Break(e, x)$

$[[VP]] = \lambda e.\ Break(e,\ the\ vase)$

$[[VP1]] = \lambda e.\ Break(e,\ the\ vase)\ \&\ \exists e'(EXPER(e')\ \&\ Exp(me)(e'))：\forall e''(Break(e'',\ the\ vase)\rightarrow Source(e'')(e'))$

$[[v]] = \lambda x.\ \lambda e.\ Agent(e)(x)$

$[[v']] = \lambda x.\ \lambda e.\ Agent(e)(x)\ \&\ Break(e,\ the\ vase)\ \&\ \exists e'(EXPER(e')\ \&\ Exp(me)(e'))：\forall e''(BREAK(e'',\ the\ vase)\rightarrow Source(e'')(e'))$

[[DP₃]]=Gerald

$[[vP]] = \lambda e.\ Break(e,\ the\ vase)\ \&\ Agent(e)(Gerald)\ \&\ \exists e'(EXPER(e')\ \&\ Exp(e')(me))：\forall e''(Break(e'',\ the\ vase)\rightarrow Source(e'')(e'))$

$[[T]]=\lambda P\exists e[P(e)\ \&\ Past(e)]$

$[[TP]]=\exists e[Break(e,\ the\ vase)\ \&\ Agent(e)(Gerald)\ \&\ \exists e'(EXPER(e')\ \&\ Exp(e')(me))：\forall e''(Break(e'',\ the\ vase)\rightarrow Source(e'')(e'))]$

8.3 小结

"给"字句是现代汉语中一个十分丰富的句式，许多与其相关的句法、语义问题仍然需要进一步深入研究。本章我们在最简框架下通过跨语言比较分析了三类"给"字句的句法结构：介词"给"字句、致使类"给"字句和独特的"给我"句式。介词

---

①此处，为了简化运算步骤，我们假设主语在其基础位置直接进行语义组合。显然采用谓词抽象也能达到同样效果。

"给"字句中，"给"字短语作为介宾短语与轻动词 vP 进行合并，根据具体语境表达各种不同的语义关系。致使"给"字句中，含有功能投射 CauseP 和 ApplP，"给"后的名词短语是非核心论元，基础生成于[Spec, ApplP]处，"给"是 ApplP 的中心语，通过循环移位的方法，最终嫁接到 VoiceP 处。"给我"句式中含有 SaP 投射和 ApplP 投射，非核心论元基础生成于[Spec, ApplP]处，以变量的形式通过远距离一致与 SaP 处的算子建立配对关系。从跨语言的角度来看，相关句式并非汉语独有，可以在其他语言或方言中找到对等结构。例如，心性与格结构广泛存在于其他语言中。英语中可以通过动词 have 引导与"给"字句类似的致使句式。本章的分析进一步说明，通过功能语类研究非核心论元的生成是切实可行的，最简方案的参数变异思想具有较强的解释力，可以让我们更加深入了解语言共性和个性的关系。

第九章

结　论

前面各章中,我们在形式句法框架下,对汉语的非核心论元的句法和语义生成进行了详细分析,并和英语的相关句式进行了对比。此外我们也对相关结构进行形式语义分析。不难发现,相对于英语,汉语的非核心论元使用更加普遍,可以出现在各种不同类型的句式中,这本质上是由英汉语言功能语类的差异导致的结果。本章对前面几章的最核心的研究观点进行简单总结。

9.1　主要观点

1.非常规宾语

非常规宾语是汉语语法研究的难点和重点。本研究分析非常规宾语时认为,动词后的成分并非动词的真正宾语,是非核心论元成分,因而该成分不能在动词的投射范围内得到允准。汉语的句法结构中,VP 和 VoiceP 之间含有 ApplP 投射,非核心论元合并在[Spec, ApplP]处得到允准。英语相应的位置没有功能投射 ApplP,名词短语不能得到恰当的允准,生成的句式自然也就不合语法。

（1）

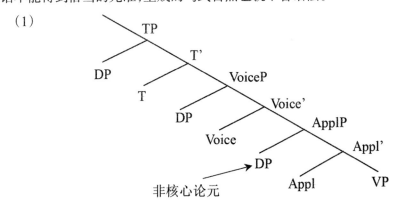

2.双宾结构

英汉双宾结构既有共性也有个性。英汉内在双及物动词的句法和语义结构相似，间接宾语和直接宾语分别合并在VP的指示语和补足语处，间接宾语在移位到[Spec，ApplP]处获得相应的语义诠释。

（2）

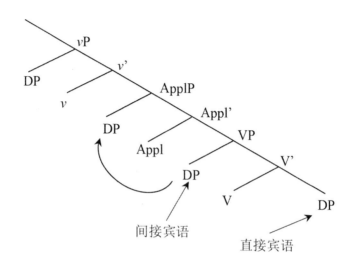

间接宾语　　　　　直接宾语

内在单及物动词后面出现两个宾语时，间接宾语并不是动词的真正宾语，它们直接在[Spec，ApplP]处得到允准。此时，英语和汉语都存在ApplP投射，不同点在于中心语Appl的语义特征不同。英语Appl的特征是[+Recipient]，汉语Appl的特征是[+Affected]。它们之间的差异可以从功能语类的特征进行合理解释。

（3）

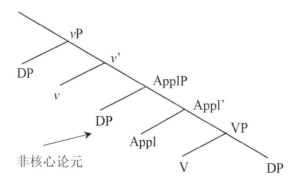

非核心论元

3.领主属宾结构

功能语类 ApplP 投射对领主属宾句的分析提供了很好的分析方案。此类动词通常是非宾格动词,句子的主语不是动词的必要论元,与动词的论元结构没有必然的关系。主语基础生成于功能语类的指示语处并得到允准。英语中相应位置缺乏 Appl 投射,非核心论元得不到允准,生成的句子也就不合语法。这种差异可以拓展到英汉致使动词的句法-语义差异的分析。汉语的致使动词可以有非致使用法,主语可以表示动作的经历者,而英语的致使动词只能表示"致使"。这是因为汉语非致使用法结构中含有功能投射 ApplP,英语中没有 Appl 投射,致使结构中含有 VoiceP 和 CauseP,主语只能表示动作的致使者。

（4）

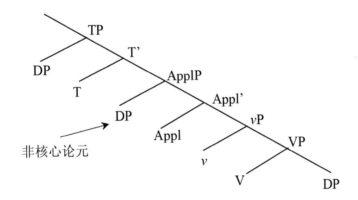

4."把"字句

"把"字句中是现代汉语特有句式,其生成问题在生成句法的框架下,一直没有得到很好的解决。"把"字句可以分析为致使结构,假设句法结构中存在 CauseP 和 ApplP,"把"是 CauseP 的中心语实现形式,其后名词短语是非核心论元,生成于[Spec, ApplP]处。Appl 也可以实现为具体的语音形式"给"。VoiceP 引导的域外论元与致使事件相关。当"把"后的名词短语为参照点时,"把"字句中则含有功能投射 LdmP,[Spec, LdmP]容纳相应名词短语。

（5）

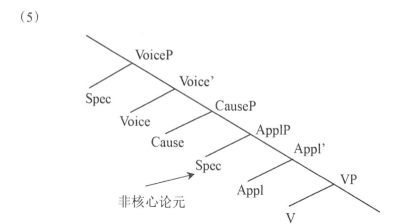

5.被动句

　　汉语的被动句与英语的被动句表面相似,但是句法推导上具有本质的差异。英语中的被动句是论元移位的结果,汉语被动句中存在独特的功能投射 BeiP 和 Ap-plP。Bei 作为功能语类投射为最大语类 BeiP,选择 VoiceP,BeiP 中心语的语音形式主要实现为"被",还可以实现为"叫""让""给"等。长被动句和短被动句具有相同的生成方式,前者[Spec，VoiceP]为显性,后者[Spec，VoiceP]为隐性。[Spec，ApplP]为被动句中的非核心论元成分,最终移到句首核查 EPP 特征。

（6）

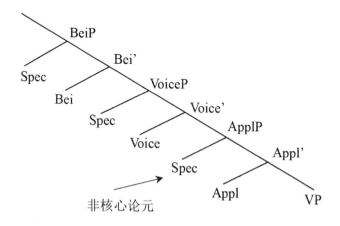

6."给"字句

　　"给"字句的用法多种多样,其中包含致使"给"字句和特殊"给我"句式。致使句式中存在句法投射CauseP。"给"是ApplP的中心语,首先与Cause嫁接构成Appl+Cause,然后Appl+Cause再与Voice嫁接构成Appl+Cause+Voice。"给"之后的名词短语是施用论元,基础生成于[Spec, ApplP]处。英语中动词give不能直接用于致使句式,但是存在与之类似结构的have致使句。Have致使句中,have是中心语Cause的具体语音形式。

（7）
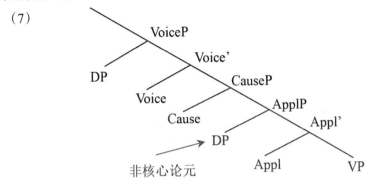

汉语"给我"句式中的"给我"是非核心论元成分,该句式的特殊之处在于代词通常用第一人称形式,偶尔也会采用第二人称形式,但是不可能使用第三人称形式。句中含有功能投射SaP和ApplP。SaP处于言语行为层,含有算子Speaker或Hearer,约束[Spec, ApplP]处的[+Participant]变量,使其获得与算子相同的指称。此类结构存在于许多语言中,如德语、西班牙语等,但在英语中很难找到与之对等的结构。

（8）
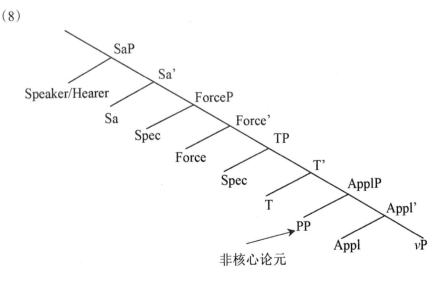

9.2　创新之处

本研究是在形式句法学框架下进行的非核心论元的初步探索，在如下几个方面取得了一定的创新：

（1）具有独特的理论视角和研究思路。本研究根据最简方案功能参数化假设创新性地提出解释英汉相关结构差异的参数模式；通过功能语类变异的观点以及合并、移位和一致的基本句法操作手段，推导出英汉非核心论元的生成方式。研究内容突破传统的零散式的个案研究，系统考察英汉各类非核心论元，并在统一框架下进行推导分析，得出的分析方案更具推广价值。

（2）注重句法–语义界面研究。经典生成语法在句法结构分析时，大多注重句法推导而较少关注语义分析。为了避免了这一不足，在分析非核心论元结构时，本研究在形式语义学的事件语义学框架下对相关结构进行了精确的形式语义分析。

（3）研究方法具有多样性。生成语法大多使用内省法获得研究所需语料，具有一定的局限性。本研究在研究方法上综合运用内省法、语料库、问卷调查和访谈多种方法获取研究所需数据和结果，保证了分析的科学性和有效性。

参考文献

[1]Abels, Klaus. 2012. *Phases: an essay on cyclicity in syntax.* De Gruyter.

[2]Abney, Steve. 1987. *The English noun phrase in its sentential aspect.* Doctoral dissertation. MIT.

[3]Adger, David. 2003. *Core syntax: A minimalist approach.* Oxford: Oxford University Press.

[4]Ahn, Byron. 2020. Out-PRED: Generalizations and derivation. Submitted manuscript, Princeton University.

[5]Aissen, Judith. 1983. Indirect object advancement in Tzotzil. In D. Perlmute, ed. , *Studies in Relational Grammar.* Vol. 1. Chicago, IL: University of Chicago Press: 272-302.

[6]Alsina, Alex. 1992. On the argument structure of causatives. *Linguistic Inquiry* 23:517-555.

[7]Anagnostopoulou, Elena. 2003. *The syntax of ditransitives: Evidence from clitics.* Mouton de Gruyter, Berlin/New York.

[8]Baker, Mark. 1985. The mirror principle and morphosyntactic explanation. *Linguistic Inquiry* 16: 373-415.

[9]Baker, Mark. 1988. *Incorporation.* Chicago, IL: University of Chicago Press.

[10]Baker, Mark. 1996. *The polysynthesis parameter.* New York: Oxford University Press.

[11]Baker, Mark. 2008. The macroparameter in a microparametric world. In *The limits of variation,* ed. T. Biberauer. Amsterdam: John Benjamins.

[12]Barss, Andrew. & Howard Lasnik. 1986. A note on anaphora and double ob-

jects. *Linguistic Inquiry* 17(2): 347-354.

[13]Beck, Sigrid. & Kyle Johnson. 2004. Double object again. *Linguistic Inquiry* 35 (1): 97-124.

[14]Belletti, Adriana. 1990. *Generalized verb movement.* Turin: Rosenberg & Sellier.

[15]Boneh, N. & Nash, L. 2010. A higher applicative: evidence from French. *Proceedings of Israel Association for Theoretical Linguistics,* 25.

[16]Borer, Hagit. 1984. *Parametric syntax.* Dordrecht: Foris Publications.

[17]Borer, Hagit. 2005. *The normal course of events.* Oxford: Oxford University Press.

[18]Bošković, Željko. 2008. What will you have, DP or NP? In Emily Elfner & Martin Walkow (eds.), *Proceedings of the North East Linguistic Society* 37: 101-114. Amherst, MA: BookSurge Publishing.

[19]Bosse, Solveig, Benjamin Bruening & Masahiro Yamada. 2012. Affected experiencers. *Natural Language & Linguistic Theory* 30(4): 1185-1230.

[20]Bosse, Solveig. 2015. *Applicative arguments: A syntactic and semantic investigation of German and English.* Peter Lang Inc.

[21]Bowers, John. 1993. The syntax of predication. *Linguistic Inquiry* 24: 591-656.

[22]Bowers, John. 2002. Transitivity. *Linguistic Inquiry* 33: 183-224.

[23]Bowers, John. 2010. *Agreement as relations.* Cambridge, Mass: MIT Press.

[24]Bresnan, Joan and Lioba Mosh. 1990. Object asymmetries in comparative Bantu syntax. *Linguistic Inquiry* 21: 147-185.

[25]Bruening, Benjamin. 2010. Ditransitive asymmetries and a theory of idiom formation. *Linguistic Inquiry* 41(4): 519-562.

[26]Burzio, Luigi. 1986. *Italian syntax.* Dordrecht: Kluwer.

[27]Carochi, Horacio. 1983. Arte de la lengua mexicana. Edicion facsimilar de la publicada por Juan Ruyz en la ciudad de Mexico, 1645 (first publ. 1645). Mexico City: Universidad Nacional Autonoma de Mexico.

[28]Cheng Lisa. & Rint Sybesma. 2015. Transitive psych-predicates. In: Li H. Y. A. , Simpson A. , Tsai W. T. D. (Eds.) *Chinese syntax in a cross-linguistic perspective.* Ox-

ford: Oxford University Press. 207-228.

[29]Cheng, Lisa. 1987. On passive in Mandarin Chinese, in P. Avery (ed.) *Toronto Working Papers in Linguistics 8*, University of Toronto, 42-59.

[30]Chomsky, Noam. 1981. *Lectures on government and binding.* Holland: Foris Publications.

[31]Chomsky, Noam. 1986. *Knowledge of language: Its nature, origin and use.* Praeger, New York.

[32]Chomsky, Noam. 1993. A minimalist program for linguistic theory. *MIT occasional papers in linguistics* no. 1. Cambridge, MA: Distributed by MIT Working Papers in Linguistics.

[33]Chomsky, Noam. 1995a. Bare phrase structure. In G. Webelhuth (ed.), *Government and binding theory and the minimalist program* (pp. 385-439). Oxford: Blackwell.

[34]Chomsky, Noam. 1995b. *The minimalist program.* Cambridge, Mass: MIT Press.

[35]Chomsky, Noam. 1998. Minimalist inquiries: the framework. *MIT Working Papers in Linguistics* 15.

[36]Chomsky, Noam. 2000. Minimalist inquiries: The framework. In R. Martin, D. Michaels & J. Uriagereka(eds.), *Step by step,* (pp. 89-155). Cambridge, Mass: MIT Press.

[37]Chomsky, Noam. 2001a. Derivation by phase. In M. Kenstowicz (ed.), *Ken Hale: A life in language* (pp. 1-52). Cambridge, Mass: MIT Press.

[38]Chomsky, Noam. 2001b. Beyond explanatory adequacy. *MIT Occasional Papers in Linguistics,* 20.

[39]Chomsky, Noam. 2013. Problems of projection. *Lingua* 130:3-49.

[40]Chomsky, Noam. 2015. Problems of projection: Extensions. E. Di Domenico & S. Matteini (eds.), In *Structures, strategies and beyond: Studies in honour of Adriana Belletti* (pp. 3-16). Amsterdam: John Benjamins.

[41]Chomsky, Noam. 2019. Some puzzling foundational issues: The Reading program. *Catalan Journal of Linguistics,* 263-285.

[42]Chomaky, Noam. 2019. The UCLA lectures. Manuscript.

[43]Chung, Sandra. 1976. An object-creating rule in Bahasa Indonesian. *Linguistic Inquiry*. 7 41- 87.

[44]Citko, Barbara. 2014. *Phase theory: An introduction*. Cambridge: Cambridge University Press.

[45]Cuervo, Maria C. 2003. *Datives at large*. Ph. D. Dissertation. MIT.

[46]Davidson, Donald 1967. The logical form of action sentences. In: N. Resher (ed.). *The logic of decision and action*. Pittsburgh, PA: University of Pittsburgh Press, 81-95.

[47]Dikken, Marcel den. 2007. Phase extension: Contours of a theory of the role of head movement in phrasal extraction. *Theoretical Linguistics* 33(1): 1-41.

[48]Fillmore, Charles. 1968. The case for case. Universals in linguistic theory, ed. by Emmon Bach and Robert T. Harms, 1-88. *New York. Holt, Rinehart & Winston.*

[49]Fraser, Bruce. 1976. *The verb–particle combination in English*. New York: Academic Press.

[50]Fukui, Naoki. 1986. *A theory of category projection and its applications*. Doctoral dissertation: MIT.

[51]Fukui, Naoki. 1988. Deriving the differences between English and Japanese: A case study in parametric syntax. *English Linguistics* 5, 249-70.

[52]Fukui, Naoki. 1995. The principles-and-parameters approach: A comparative syntax of English and Japanese. In M. Shibatani & T. Bynon (eds.), *Approaches to Language Typology*. Oxford: Oxford University Press.

[53]Gallego, Ángel (ed.). 2010. *Phases: Developing the framework*. Berlin: Mouton de Gruyter.

[54]Gelderen, Elly van. 2013. *Clause structure*. Cambridge: Cambridge University Press.

[55]Georgala, Effi, Waltraud Paul, and John Whitman. 2008. Expletive and thematic applicatives. In *Proceedings of the 26th West Coast Conference on Formal Linguistics*, ed. by Charles B. Chang & Hannah J. Haynie, 181-189. Somerville, MA: Cascadilla

Proceedings Project.

[56]Georgala, Effi. 2012. *Applicatives in their structural and thematic Function: A minimalist account of multitransitivity*. Doctoral dissertation. Cornell University.

[57]Craenenbroeck, Jeroen van. etal. (ed). 2020. *Recent developments in phase theory*. Berlin: Mouton de Gruyter.

[58]Givón, Talmy. 1975. Cause and control: On the semantics of interpersonal manipulation. *Syntax and Semantics* 4:59-89.

[59]Gruber, Jeffrey. 1965. *Studies in lexical relations*. Doctoral Dissertation, MIT.

[60]Guasti, Maria Teresa. 1996. Semantic restrictions in Romance causatives and the incorporation approach. *Linguistic Inquiry* 27:294-313.

[61]Haddad, Youssef. 2011. The syntax of Southern American English personal datives:An anti-localtity account. *Canadian Journal of Linguistics* 56(3):403-412.

[62]Harley, Heidi. 2003. Possession and the double object construction. In P. Pica & J. Rooryck(eds.), *Yearbook of Linguistic Variation*. Amsterdam: John Benjamins.

[63]Hashimoto, Mantaro. 1969. Observations on the passive construction. *Chilin* 5: 59-71.

[64]Hashimoto, Mantaro. 1987. 汉语被动式的历史、区域发展 [The historical and geographical development of Chinese passive constructions]. 中国语文(1): 36-49.

[65]Heim, Irene, and Angelika Kratzer. 1998. *Semantics in generative grammar.* Malden, Massachusetts: Blackwell.

[66]Higginbotham, James 1985. On semantics. *Linguistic Inquiry* 16: 547-593.

[67]Her, One-Soon. 2006. Justifying part-of-speech assignments for Mandarin gei [J]. *Lingua*(8):1274-1302.

[68]Hole, Daniel. 2006. Extra argumentality-affectees, landmarks, and voice. *Linguistics* 44 (2):383-424.

[69]Hole, Daniel. 2008. Dativ, Bindung und Diathese. Habilitationsschrift Humboldt Universitat Berlin.

[70]Hornstein, Norbert. 1999. Movement and control. *Linguistic Inquiry* 30:69-96.

[71]Horn, Laurence. 2008. I love me some him: The landscape of nonargment da-

tives. *Empirical Issues in Syntax and Semantics* (7):169-192.

[72]Horn, Laurence. 2009. I love me some datives: Pronouns, expressive meaning, and implicature. Handout from DGfS 31.

[73]Huang, C. T. James. 1982. Move wh in a language without wh-movement. *The Linguistic Review* 1: 369-416.

[74]Huang, C. T. James. 1999. Chinese passive in comparative perspective. *Tsing Hua Journal of Chinese Studies* 29(1): 423-459.

[75]Huang, C. T. James. 2007. Unaccusativity, ditransitives and extra-argumentality. Paper presented in EACL-5, Leipzig.

[76]Huang, C. T. James. 2013. Variations in non-canonical passives. Artemis Alexiadou & Florian Schafer(eds.). *Non-canonical passives*. Amsterdam: John Benjamins Publishing Company.

[77]Huang, Chu-Ren & Kathleen Ahrens. 1999. The function and category of gei in Mandarin ditransitive constructions. *Journal of Chinese Linguistics* (2):1-26.

[78]Hutchinson, Corinne and Grant Armstrong. 2014. The syntax and semantics of personal dativesin Appalachian English. In R. Zanuttini & L. Horn (eds.), *Micro-syntactic Variation inNorth American English*, 178-214. Oxford: Oxford University Press.

[79]Jeong, Youngmi. 2007. *Applicatives: Structure and interpretation from a minimalist perspective*. Amsterdam/Philadelphia: John Benjamins.

[80]Johnson, Kyle. 1991. Object positions. *Natural Language and Linguistic Theory* 9(4): 577-636.

[81]Kayne, Richard. 1984. *Connectedness and binary branching*. Dordrecht: Foris Publications.

[82]Kayne, Richard. 1994. *The antisymmetry of syntax*. Cambridge: MIT press.

[83]Kim Kyumin. 2012. Argument structure licensing and English have. *Journal of Linguistics* 48 (1): 71-105.

[84]Kimenyi, Alexandre. 1980. *A relational grammar of Kinyarwanda*. Berkeley: University of California Press.

[85]Koopman, Hilda. 1984. *The syntax of verbs*. Dordrecht: Foris.

[86]Hendriks, Hermann. 1993. *Studied flexibility*. ILLC dissertation.

[87]Hilda Koopman and Dominique Sportiche. 1991. The position of subjects. *Lingua* 85: 211-258.

[88]Kratzer, Angelika. 1996. Severing the external argument from its verb. In: *Phrase structure and the lexicon*. Edited by J. Rooryck and L. Zaring. Kluwer/Springer.

[89]Kuo Pei-Jung. 2010. Transitivity and the Chinese ba-construction. *Taiwan Journal of Linguistics* 8(1): 95-128.

[90]Larson, Richard. 1988. On the double object construction. *Linguistic Inquiry* 19, 335-392.

[91]Larson, Richard. 2010. On Pylkkänen's semantics for low applicatives. *Linguistic Inquiry* 41: 701-704.

[92]Li, Y. -H. Audrey. 1985. *Abstract case in Mandarin Chinese*. Doctoral dissertation, University of Southern California, Los Angeles.

[93]Li, Y. -H. Audrey. 1990. *Order and constituency in Mandarin Chinese*. Dordrecht: Kluwer.

[94]Li, Y. -H. Audrey. 2006. Chinese ba. In *The Blackwell companion to syntax*, ed. Martin Everaert and Henk van Riemsdijk, vol. 1, 374-468. Malden, Mass. : Blackwell.

[95]Lin, Jo-wang. 1994. Object non-referentials, definiteness effect and scope interpretation. *Proceedings of North Eastern Linguistic Society* 24, ed. by Merce Gonzalez, 287-301. Amherst: University of Massachusetts.

[96]Lin, Jo-wang. 2006. The Syntax of the non-referential "ta" in Mandarin Chinese. *Language and Linguistics* 7(4): 799-824.

[97]Lin, T. -H. Jonah. 2001. *Light verb syntax and the theory of phrase structure*. Doctoral dissertation, University of California, Irvine.

[98]Lin, T-H. Jonah & Yu-Shan Huang. 2015. Structures of the Mandarin gei constructions [J]. *Journal of East Asian Linguistics* (3):309-338.

[99]MacDonald, Jonathan E. 2008. *The syntactic nature of inner aspect: A minimalist perspective*. Amsterdam: John Benjamins.

[100]Marantz, Alec. 1984. *On the nature of grammatical relations*. Cambridge: MIT

Press.

[101]Marantz, Alec. 1993. Implications of asymmetries in double object constructions. In Sam A. Mchombo, ed. , *Theoretical aspects of Bantu grammar* 1. CSLI Publications, Stanford, CA, 113-151.

[102]McGinnis, Martha. 2001. Variation in the phase structure of applicatives. *Linguistic Variation Yearbook* 1: 105-146.

[103]Michelioudakis, Dimitris and Ioanna Sitaridou. 2008. The Ethic Dative in Modern Greek and Romance. Paper presented at the 29th Annual Meeting of the Department of Linguistics, Aristotelian University of Thessaloniki, May 2008.

[104]Ouhalla, Jamal. 1991. *Functional categories and parametric variation.* London & New York: Routledge.

[105]Parsons, Terrance. 1990. *Events in the semantics of English. A study in subatomic semantics*[M]. Cambridge, MA: The MIT Press.

[106]Parsons, Terrance. 2000. Underlying states and time travel. In: J. Higginbotham, F. Pianesi & A. Varzi (eds.). *Speaking of events.* Oxford: Oxford University Press, 81-93.

[107]Paul, Waltraud. & John Whitman. 2010. Applicative structure and Mandarin ditransitives. In M. Duguine, S. Huidobro & N. Madariaga(eds.), *Argument structure and syntactic relations.* Philadelphia: John Benjamins.

[108]Perlmutter, David. 1978. Impersonal passives and the unaccusative hypothesis, *Proceedings of BLS* 4: 157-189.

[109]Pesetsky, David. 1995. *Zero syntax: Experiencers and cascades.* Cambridge: MIT Press.

[110]Peterson, David. 2007. *Applicative constructions.* Oxford: Oxford University.

[111]Pollock, Jean-Yves. 1989. Verb movement, universal grammar and the structure of IP. *Linguistic Inquiry* 20, 365-424.

[112]Pylkkänen, Liina. 2002. *Introducing arguments.* Doctoral dissertation, MIT.

[113]Pylkkänen, Liina. 2008. *Introducing arguments.* Cambridge, Mass: MIT Press.

[114]Ramchand, Gillian. 2008. *Verb meaning and the lexicon: A first phase syntax.*

Cambridge: Cambridge University Press.

[115]Ritter, Eric, and S. Rosen. 2000. Event structure and ergativity. In C. Tenny and J. Pustejovsky, eds. , *Events as grammatical objects:*187-238.

[116]Rizzi, Luigi. 1997. The fine structure of the left periphery. In L. Haegeman (ed.), *Elements of grammar* (pp. 281-338). Dordrecht: Kluwer.

[117]Smith, Ryan Walter and Yu Jianrong. 2020. Subjectless presuppositions and the semantics of verbal roots. Cascadilla Proceedings Project.

[118]Stapleton, Walter Henry. 1903. *Comparative handbook of Congo languages.* Yakusu, Stanley Falls, Congo Independent State: "Hannah Wade" Printing Press.

[119]Su Yu-Ying Julia. 2012. *The syntax of functional projections in the vP periphery.* Doctoral Dissertation: University of Toronto.

[120]Sybesma, Rint. 1992. *Causatives and accomplishments: The case of the Chinese ba.* Doctoral dissertation, Leiden University.

[121]Sybesma, Rint. 2007. Whether we tense-agree overtly or not. *Linguistic Inquiry* 38(3): 580-587.

[122]Sybesma, Rint. 1999. *The Mandarin VP.* Dordrecht: Kluwer.

[123]Tang, Jane. 1990. *Chinese phrase structure and the extended X'–theory.* Doctoral Dissertation, Cornell University.

[124]Teng Shou-hsin. 1974. Double nominatives in Chinese. *Language* 50(3): 455-473.

[125]Teomiro García, Ismael Iván. Non-selected reflexive datives in Southern American and Appalachian English vs. Spanish. *Estudios Ingleses de la Universidad Complutense.* 2013, vol. 21, 31-47.

[126]Ting, Jen & Miller Chang. 2004. The category of gei in Mandarin Chinese and grammaticalization. *Taiwan Journal of Linguistics* (2):45-74.

[127]Travis, Lisa. 1984. *Parameters and the effects of word order variation.* Doctoral Dissertation: MIT.

[128]Travis, Lisa. 2010. *Inner aspect: The articulation of VP.* Dordrecht: Springer.

[129]Tsai, Wei-tien. 2008. Tense anchoring in Chinese. *Lingua* 5: 675-686.

[130]Tsai, W. -T. Dylan. 2017. On split affectivity in Chinese. *Tsing Hua Journal of Chinese Studies* 47(2): 407-432.

[131]Tsai, Wei-Tien Dylan. 2018. High applicatives are not high enough: A carto-graphic solution. *Lingua Sinica* (1): 1-12.

[132]Ura, Hiroyuki. 1996. *Multiple feature checking: A theory of grammatical func-tion splitting.* PhD dissertation, MIT.

[133]Wang, Peter C. T. 1970. *A transformational approach to Chinese ba and bei.* Doctoral dissertation, University of Texas, Austin.

[134]Webelhuth, Gert & Clare Dannenberg. 2006. Southern American English per-sonal datives: The theoretical significance of dialectal variation. *American Speech* 81: 31-55.

[135]Winter, Yoad. 2016. *Elements of formal semantics: An introduction to the mathe-matical theory of meaning in natural language.* Edinburgh: Edinburgh University Press.

[136]Wood, Jim and Alec Marantz. 2017. The interpretation of external arguments. In Roberta D'Alessandro, Irene Franco & Ángel J. Gallego (eds.). *The verbal domain,* 255-278. Oxford: Oxford University Press.

[137]Wurmbrand, Susi. 2012. Parasitic participles in Germanic: Evidence for the theory of verb clusters. *Taal & Tongval* 64(1):129-56.

[138]Wurmbrand, Susi. 2014. The merge condition:Asyntactic approach to selec-tion. In PeterKosta, Steven L. Franks, Teodora Radeva-Bork, & Lilia Schurcks (eds.), *Minimalism and Beyond. Radicalizing the Interfaces,* 139-177. Amsterdam and Philadel-phia: John Benjamins.

[139]Yan, Ling. The syntax of the ba-construction. 2004. *Kansas Working Papers in Linguistics.* Edited by Osama Abdel-Ghafer, Brad Montgomery-Anderson, Maria del Carmen Parafita Couto.

[140]Zeijlstra, Hedde. 2012. There is only one way to agree. *The Linguistic Review* 29(3). 491-539.

[141]Zou, Ke. 1995. *The syntax of the Chinese ba-construction and verb compounds: A morpho-syntactic analysis.* Doctoral dissertation, University of Southern California.

[142]蔡维天. 汉语的蒙受结构[R]. 台北:台湾省清华大学语言研究中心,2005.

[143]蔡维天,钟叡逸. 谈论元引介策略:以客语蒙受结构为例[R].沈阳.走向当代前沿科学的现代汉语语法研究. 北京:商务印书馆, 2013:1-22.

[144]蔡维天. 从生成语法看汉语蒙受结构的源起[A]. 吴福祥,邢向东. 语法化与语法研究:六. 北京:商务印书馆, 2013.

[145]蔡维天. 论汉语内、外轻动词的分布与诠释[J].《语言科学》, 2016 (4): 362-376.

[146]蔡维天. 及物化、施用结构与轻动词分析[J]. *Contemporary Research in Modern Chinese.* 2017(19):1-13.

[147]曹伯韩. 主语宾语问题随感[J].《语文学习》,1956(1): 29-32.

[148]曹道根.《现代汉语被动式原则与参数模型》[M]. 合肥:安徽大学出版社, 2009.

[149]曹道根. 谈汉语"被"字句一些最简句法研究中存在的理论问题[J].《当代语言学》,2008(1):43-51.

[150]储泽祥.《名词及其相关结构研究》[M]. 长沙:湖南人民出版社,2000.

[151]程工.《语言共性论》[M]. 上海:上海外语教育出版社, 1999.

[152]程杰,温宾利. 对汉语两类非核心论元的增元结构分析:兼论英汉增元结构之差异[J]. 四川外语学院学报, 2008 (2):82-87.

[153]程杰. 虚介词假设与增元结构:论不及物动词后非核心论元的句法属性[J].《现代外语》,2009 (1):23-32.

[154]程杰. 零形素句法、论旨指派统一性假设与汉语增元结构证实[J].《华文教学与研究学》,2011(4):53-63.

[155]邓仁华. "王冕死了父亲"的系统功能语言学阐释[J].《现代外语》,2018(1): 86-196.

[156]邓思颖. 轻动词在汉语句法和词法上的地位[J].《现代中国语研究》,2008 (10):11-17.

[157]邓思颖.《汉语方言语法的参数理论》[M]. 北京:北京大学出版社,2003.

[158]邓思颖. 作格化和汉语被动句[J].《中国语文》,2004(4):291-301.

[159]丁声树.《现代汉语语法讲话》[M]. 北京:商务印书馆, 1961.

[160]范晓. 关于汉语宾语问题的思考：纪念汉语主宾语问题讨论五十周年[J].《汉语学习》, 2006 (3)：3-13.

[161]冯胜利. 管约理论与汉语的被动句[J].《中国语言学论丛》, 1997(1):1-28.

[162]冯胜利. 轻动词移位与古今汉语的动宾关系[J].《语言科学》, 2005(1)：3-16.

[163]冯胜利. 汉语韵律句法学[M]. 上海：上海教育出版社, 2000.

[164]冯胜利. 汉语韵律句法研究[M]. 北京：北京大学出版社, 2005.

[165]傅子东. 主语和宾语[J].《教学与研究文集》, 1956 (1)：30-35.

[166]顾阳. 双宾语结构[M]// 徐烈炯. 共性与个性：汉语语言学中的争议. 北京：北京语言大学出版社, 1998.

[167]郭继懋. 领主属宾句[J].《中国语文》, 1990(1)：16-22.

[168]郭继懋. 试谈"飞上海"等不及物动词带宾语现象[J].《中国语文》, 1999(5)：337-346.

[169]韩景泉. 领有名词提升移位与格理论[J].《现代外语》, 2000(3):261-272.

[170]韩其峰. 谈"给我"的助词性质[J].《淮阴师范学院学报》, 1992 (1):27.

[171]何晓炜.《英汉双及物结构的生成语法研究》[M]. 北京：外语教学与研究出版社, 2011.

[172]何晓炜. 汉语双宾句的结构层次分析[J].《中国外语》, 2010(3):19-28.

[173]胡建华, 杨萌萌. "致使-被动"结构的句法[J]. 当代语言学, 2015 (4):379-399.

[174]胡建华. 现代汉语不及物动词的论元和宾语：从抽象动词"有"到句法信息结构接口[J].《中国语文》, 2008(5): 396-409.

[175]胡建华. 论元的分布与选择：语法中的显著性和局部性[J].《中国语文》, 2010(1):3-20.

[176]黄正德. 汉语动词的题元结构与其句法表现[J].《语言科学》, 2007(4):3-21.

[177]黄国文. "王冕死了父亲"的系统功能句法分析[Z]. 第二十五届功能语言学与语篇分析高层论坛暨第二届功能语言学与汉语研究高层论坛大会主旨报告, 2018.

[178]黄洁. 动宾非常规搭配的转喻和隐喻透视[J].《同济大学学报》(社会科学

版), 2009 (1):85-90.

[179]李红梅. 最简探索:框架下"被"字结构的再探索[J].《现代外语》, 2004(2): 173-178.

[180]李杰. 试论发生句:对隐现句和领主属宾句的句式意义的重新审视[J].《世界汉语教学》, 2009(1): 65-73.

[181]李临定. 现代汉语句型[M]. 北京:商务印书馆, 1986.

[182]李敏. 双宾动词的词汇语义和双宾句式语义的互动[J].《世界汉语教学》, 2006(4): 55-66.

[183]李宇明. 领属关系与双宾句分析[J].《语言教学与研究》, 1996(3): 62-73.

[184]李钻娘. 出现式与消失式动词的存在句[J].《语文研究》, 1987(3) : 19-25.

[185]刘国辉. "王冕三岁死了父亲"的认知构式剖析[J].《重庆大学学报》, 2007 (3): 125-130.

[186]柳娜,石定栩. 外宾结构的性质与动宾组合的及物性[J]. 语言教学与研究, 2018(2):32-43.

[187]刘探宙.《说"王冕死了父亲"句》[M]. 上海:学林出版社, 2018.

[188]刘晓林. 也谈不及物动词带宾语的问题[J].《外国语》, 2004(1):33-39.

[189]刘正光,刘润清. Vi+NP 的非范畴化解释[J].《外语教学与研究》,2003(4): 243-250.

[190]陆俭明. 再谈"吃了他三个苹果"之类结构的性质[J].《中国语文》,2002(4): 317-325.

[191]陆俭明. 现代汉语语法研究教程[M]. 北京:北京大学出版社, 2005.

[192]吕冀平. 主语和宾语的问题[J].《语文学习》, 1955 (7): 8-12.

[193]吕叔湘.《现代汉语八百词》[M]. 增订本. 北京: 商务印书馆, 1999.

[194]吕叔湘.《汉语语法分析问题》[M]. 北京:商务印书馆, 1979.

[195]马建忠.《马氏文通》[M]. 北京:商务印书馆, 1898.

[196]马庆株. 现代汉语的双宾语构造[J].《语言学论丛》, 1983(10):166-196.

[197]马志刚. 题元准则、非宾格假设与领主属宾句[J].《汉语学报》, 2009(1) : 74-83.

[198]马志刚. 局域非对称成分统制结构、语素成分与英汉双宾结构的句法语义

属性[J].《华文教学与研究》,2010(1):69-78.

[199]满在江. 生成语法理论与汉语双宾语结构[J].《现代外语》, 2003(3): 232-240.

[200]潘海华,韩景泉. 显性非宾格动词结构的句法研究[J].《语言研究》,2005 (3):1-13.

[201]潘海华,韩景泉. 汉语保留宾语结构的句法生成机制[J].《中国语文》,2008 (6):511-522.

[202]韩景泉,潘海华. 汉语保留宾语结构句法生成的最简分析[J].《语言教学与研究》,2016(3):41-53.

[203]任鹰. "吃食堂"与语法转喻[J].《中国社会科学院研究生院学报》,2000(3): 60-67.

[204]任鹰. "领属"与"存现"：从概念的关联到构式的关联：也从"王冕死了父亲"的生成方式说起[J].《世界汉语教学》,2009(3): 308-321.

[205]沈家煊. "王冕死了父亲"的生成方式：兼说汉语糅合造句[J].《中国语文》, 2006(4): 291-300.

[206]沈阳,司马翎. 句法结构标记"给"与动词结构的衍生关系[J].《中国语文》, 2010(3): 222-237.

[207]石定栩,胡建华. "被"的句法地位[J].《当代语言学》,2005(3):213-224.

[208]石毓智. 语言学假设中的证据问题：论"王冕死了父亲"之类句子产生的历史条件[J].《语言科学》,2007(4):39-51.

[209]肃父. 不要把句义解释代替句法分析[J].《语文知识》,1956(12): 11-13.

[210]孙天琦,李亚非. 汉语非核心论元允准结构初探[J].《中国语文》,2010(1): 21-33.

[211]王力. 主语的定义及其在汉语中的应用[J].《语文学习》,1956(1): 21-25.

[212]王奇. "领主属宾句"的语义特点与句法结构[J].《现代外语》,2006(3): 230-238.

[213]王奇. 领属关系与英汉双宾构式的句法结构[J].《现代外语》,2005(2): 129-137.

[214]王占华. "吃食堂"的认知考察[J].《语言教学与研究》,2000(2):58-64.

[215]魏培泉. 古汉语被动式的发展与演变机制[J].《中国境内语言及语言学》, 1994: 293-319.

[216]魏在江. 语用预设与句法构式研究: 以汉语不及物动词带宾语为例[J].《外语学刊》,2013(4):63-67.

[217]温宾利,陈宗利. 领有名词移位: 基于 MP 的分析[J].《现代外语》,2001(4): 412-416.

[218]温宾利,田启林. 基于语段的领有话题结构移位分析[J].《现代外语》,2011 (4): 331-338.

[219]吴庚堂. "被"字的特征与转换[J].《当代语言学》, 1999(4):25-37.

[220]吴庚堂. 汉语被动式与动词被动化[J].《现代外语》,2000(3):252-259.

[221]谢晓明. 宾语代入现象的认知解释[J].《湖南大学学报》(社会科学版), 2004 (3):70-73.

[222]邢福义. 汉语里宾语代入现象之观察[J].《世界汉语教学》, 1991(2):76-84.

[223]邢福义.《汉语语法学》[M]. 长春: 东北师范大学出版社,1996.

[224]邢公畹. 论汉语造句法上的主语和宾语[J].《语文学习》,1955(48): 25-27.

[225]熊学亮. 论"吃"在"吃+NP"结构中的功能承载量和分辨度[J].《外语研究》, 2009(6):7-12.

[226]熊仲儒. 被动句的生成语法研究[J].《当代语言学》, 2003(3):211-220.

[227]熊仲儒. 被动范畴"给"的句法语义特征[J].《现代外语》,2011(2): 119-126.

[228]徐杰. 两种保留宾语句式及相关句法理论问题[J].《当代语言学》, 1999 (1): 16-29.

[229]徐盛桓. 常规关系与句式结构研究: 以汉语不及物动词带宾语句式为例 [J].《外国语》,2003(2):8-16.

[230]徐重人. 王冕死了父亲[J].《语文知识》,1956(9) : 34-38.

[231]杨炳钧. "王冕死了父亲"的概念语法隐喻视角[J].《浙江外国语学院学报》,2018(5): 96-104.

[232]杨大然. 领有名词短语分裂与汉语话题结构[J].《解放军外国语学院学报》,2008 (3): 17-23.

[233]杨玲. 状态变化事件、句式和动词行为类型: 领主属宾句的认知语义学研

究[J].《外语教学》, 2015 (5):45-49.

[234]叶狂,潘海华. 从罗曼语和斯拉夫语看"给"的句法功能[J].《当代语言学》,2016(3): 354-367.

[235]叶向阳. "把"字句的致使性解释[J].《世界汉语教学》, 2004 (2):25-39.

[236]尹海良. 强势指令义构式"给我+VP"探析[J].《汉语学习》, 2014 (5):1-60.

[237]俞理明,吕建军. "王冕死了父亲"句的历史考察[J].《中国语文》, 2011(1): 32-42.

[238]张伯江. 现代汉语的双及物构式[J].《中国语义》,1999(3):175-184.

[239]张宏丽. 轻动词理论下汉语NP1+Vi+NP2存现句句法分析[J].《现代语文》,2015(8):77-79.

[240]赵元任.《汉语语法口语》[M]. 北京:商务印书馆, 1979.

[241]周长银. 现代汉语"给"字句的生成句法研究[J].《当代语言学》,2000(3): 155-167.

[242]周长银,张玉欢. 汉语施用结构加工的ERP研究[J].《中国应用语言学: 英文版》,2018(2):204-217.

[243]朱德熙. "的"字结构和判断句[J].《中国语文》,1978(2):104-109.

[244]朱德熙.《语法讲义》[M]. 北京:商务印书馆,1982.

[245]朱行帆. 轻动词和汉语不及物动词带宾语现象[J].《现代外语》, 2005 (3): 221-231.

[246]袁毓林. 无指代词"他"的句法语义功能[J].《语法研究和探索》, 2003(12): 44-64.

术　语　表

"把"字句	Ba Construction
"给"字句	Gei Construction
布尔兹欧定律	Burzio's Generalization
DP假设	DP Hypothesis
Out前缀动词结构	Out-prefixed Verb Construction
VP-壳假设	VP-shell Hypothesis
X-阶标结构	X-bar Structure
半戴维森事件语义学	Semi-Davidsonian Event Semantics
包容性条件	The Inclusiveness Condition
被动句	Passive Construction
崩溃	Crash
边缘特征	Edge Feature
表层语义	Surface Semantics
表征经济性	Economy of Representation
表征事件参与者	Event Participant
并入	Incorporation
补足语	Complement
不可诠释特征	Uninterpretable Feature
部分格	Partitive Case
持续脑前部正波	Sustained Frontal Positivity

充分诠释	Full Interpretation
词根	Root
词汇系列	Lexical Array
词汇语类	Lexical Categories
词汇语义	Lexical Semantics
戴维森式语言	Davidsonian Language
戴维森事件语义学	Davidsonian Event Semantics
地标	Landmark
低位施用结构	Low Applicative
第三要素	The Third Factor
定义域条件	Domain Condition
动词短语内主语假设	VP-internal Subject Hypothesis
读数集	Numeration
短被动句	Short Passive
短语结构规则	Phrase Structure Rule
对象语言	Object Language
二元谓词	Two-place Predicate
反局部假设	Anti-locality Hypothesis
非宾格动词	Unaccusative Verb
非对称成分统制	Asymmetrical C-command
非核心论元	Non-core Argument
非选择性论元	Unselected Argument; Non-selected Argument
非作格动词	Unergative Verbs
分配量词	Distributive Quantifier
附加语	Adjunct

赋值	Valued
概念转移	Conceptual Shift
高位施用结构	High Applicative
格鉴别式	Case Filter
个体	Individual
功能参数化假设	Functional Parameterization Hypothesis
功能序列	Functional Sequence
功能语类	Functional Category
关系语法	Relational Grammar
光杆短语结构	Bare Phrase Structure
函数应用	Functional Application
核查语域	Checking Domain
核心论元	Core Argument
话题突出性语言	Topic Prominent Language
话语参与者	Discourse Participant
及物结构	Transitivizing Construction
及物化效应	Transitivizing Effect
及物投射	Transitivity Projection
极简合并	Simplest Merge
加标算法	Labelling Algorithm
间接被动句	Indirect Passive
结果句	Resultative Constructiton
局部性原则	Locality Principle
句法—语义错配	Syntax-semantics Mismatch
可诠释特征	Interpretable Feature

可视性准则	Visibility Guideline
空缺被动句	Gapped Passive
空算子	Null Operator
量词	Classifier
量词提升	Quantifier Raising
零元谓词	Zero place Predicate
领有名词提升	Possessor Raising
论元	Argument
论元变量	Argument Variable
逻辑式	Logical Form
模型论语义学	Model-theoretic Semantics
目标	Goal
内在双及物	Inherently Ditransitive
能愿情态助动词	Dynamic Modals
配价	Valency
偏函数	Partial Function
拼读	Spell-out
频率副词	Adverb of Frequency
评注性状语	Evaluatives
普遍语法	Universal Grammar
强语段	Strong Phase
诠释函数	Interpretation Function
弱语段	Weak Phase
深层语义	Deep Semantics
施用标记	Applicative Markers

施用结构	Applicative Constructions
施用论元	Applicative Argument
事件论元	Event Argument
事件识别	Event Identification
事件相关电位	Event Related Potentials
事件语义学	Event Semantics
收敛	Converge
双宾结构	Double Object Constructions
探针	Probe
特征核查	Feature Checking
题元标记	Theta Marking
题元角色	Thematic Role
题元施用结构	Thematic Applicative
题元识别	Theta-identification
题元约束	Theta-binding
题元准则	Theta Criterion
同源宾语	Cognate Object
推导经济性	Economy of Derivation
外骨架模型	Exo-skeletal Model
外化	Externalization
伪双宾结构	Pseudo-Double Object Constructions
未饱和状态	Unsaturated State
未赋值	Unvalued
谓词抽象	Predicate Abstraction
谓词修饰	Predicate Modification

无空缺被动句	Gapless Passive
向心性	Endocentricity
新戴维森事件语义学	Neo-Davidsonian Event Semantics
形式特征	Formal Features
虚词施用结构	Expletive Applicative
选择性限制	Selectional restrictions
言外之意	Illocutionary Force
言语行为短语	Speech Act Phrase
一元谓词	One-place predicate
一致	Agree
一致性原则	Uniformity Principle
义务情态助动词	Deontic Modals
役事	Causee
硬移位	Tough-movement
有界性	Telicity
与格主语结构	Dative Subject Construction
语段	Phase
语段不可渗透条件	Phase Impenetrability Condition
语迹和代词规则	Traces and Pronoun rule
语链	Chain
语义双重性	Duality of Semantics
语义压制	Semantic Coercion
语义值	Semantic Value
语音式	Phonetic Form
域内论元	Internal Argument

域外论元	External Argument
元语言	Metalanguage
运算系统	Computational System
增元结构	Valency-increasing Construction
长被动句	Long Passive
真值条件	Truth Condition
真值条件语义学	Truth-conditional Semantics
知识情态助动词	Epistemic Modals
直接被动句	Direct Passive
值描述	Value Description
指示语	Specifier
制图方案	Cartographic Program
致使结构	Causative Construction
重构	Reconstruction
组合性原则	Principle of Compositionality
最简方案	The Minimalist Program
最简性条件	Minimality Condition
最小链接条件	Minimal Link Condition
最小搜寻原则	Minimal Search
最小语域	Minimal Domain
作格化	Ergativization